MW01175155

LUSFONIA

CURSO BÁSICO DE PORTUGUÊS LÍNGUA ESTRANGEIRA

CADERNO DE EXERCÍCIOS

AUTORES

António Avelar
Helena Bárbara Marques Dias
Maria José Grosso
Maria José Meira

DIRECÇÃO

João Malaca Casteleiro

Lidel – edições técnicas, lda
LISBOA — PORTO — COIMBRA
http://www.lidel.pt (Lidel on-line)
e-mail: lidel.fca@mail.telepac.pt

Componentes do curso

LUSOFONIA — CURSO BÁSICO DE PORTUGUÊS-LÍNGUA ESTRANGEIRA

📖 LIVRO DO ALUNO
✎ CADERNO DE EXERCÍCIOS
🎓 LIVRO DO PROFESSOR
📼 CASSETE ÁUDIO

LUSOFONIA — CURSO AVANÇADO DE PORTUGUÊS-LÍNGUA ESTRANGEIRA

📖 LIVRO DO ALUNO
✎ CADERNO DE EXERCÍCIOS
🎓 LIVRO DO PROFESSOR (em preparação)
📼 CASSETE ÁUDIO

EDIÇÃO E DISTRIBUIÇÃO

Lidel - edições técnicas, lda

ESCRITÓRIO: Rua D. Estefânia, 183-r/c Dto. – 1049-057 Lisboa – Telefs. 21 351 14 42 (Ens. Línguas/Exportação);
21 351 14 46 (Marketing/Formação); 21 351 14 43 (Revenda); 21 351 14 47/9 (Linhas de Autores);
21 351 14 48 (S. Vendas Medicina); 21 351 14 45 (Mailing/Internet); 21 351 14 41 (Tesouraria/Periódicos)
Fax: 21 357 78 27 - 21 352 26 84

LIVRARIAS: LISBOA: Avenida Praia da Vitória, 14 – 1000-247 Lisboa – Telef. 21 354 14 18 – Fax 21 357 78 27
PORTO: Rua Damião de Góis, 452 – 4050-224 Porto – Telef. 21 509 79 95 – Fax 22 550 11 19
COIMBRA: Avenida Emídio Navarro, 11-2º – 3000-150 Coimbra – Telef. 239 82 24 86 – Fax 239 82 72 21

Copyright © 1993, Dezembro 1996
LIDEL — Edições Técnicas Limitada

Ilustração
João Carlos Reis

Capa
Sara Levy Lima sobre ilustração de Miguel Levy Lima

Impressão e acabamento: Tipografia Lousanense, Lda.

Depósito legal n.º 150862/00
ISBN 972-9018-34-0

2 Quem são eles?   **O que é que eles fazem?**

Ele é pintor   Ele pinta

_____   Trata os doentes

_____   Vende flores

_____   Escreve para o jornal

Ele é professor   _____

Ele é estudante   _____

———————————— **CONSTRUA CINCO FRASES** ————————————

3 a   amigos   professor
       o   rua   são   azul
       os   caneta   é   simpáticos
              João   interessante
              livro   larga

_____

_____

_____

_____

_____

4 QUERER É PODER

O que é que eles querem fazer?

_____

_____

_____

_____

_____

_____

5 COMPLETE

	País	Língua	Nacionalidade
Marco	Brasil	português	brasileiro
Peter	Inglaterra		
Monica	Argentina		
Jean Ives	Bélgica		
Brigitte	Alemanha		
Claude	França		
Mikis	Grécia		
Claudia	Itália		

6
ONDE É QUE?...

Onde é que vais?	Vou ao supermercado.
_____ ?	Vamos ao banco.
_____ ?	Ela vai ao cinema.
_____ ?	Vou comprar um jornal.
_____ ?	Eles vão cumprimentar o Pedro.

7
O TELEFONEMA E A SANDES

Eu telefono à Luísa enquanto tu comes a sandes

Ela _____ nós _____

Tu _____ vocês _____

A Rita _____ tu _____

Vocês _____ eu _____

Construa frases colocando as palavras na ordem correcta:

1 — chama-se amigo meu o Pedro

_____

2 — comigo quer ela vir ao cinema

_____

3 — comprar quiosque o vai jornal Maria a ao

_____

4 — é que vão vocês onde para?

_____

5 — é que faz que o ele?

_____

9

Elas	conhece	Lisboa
Você	cumprimentam	ao quiosque
A gente	parece	para a biblioteca?
Vocês	és	os amigos
Tu	somos	simpático
O João	vão	angolanos
Nós	vai	jornalista

Você conhece Lisboa

continue:

_____
_____
_____
_____
_____
_____
_____
_____

BLOCO 1

10 UMA FRASE...

Ele trabalha nos serviços administrativos.

Bom dia, como está?

Então, até logo.

Toma um café?

Apresento-lhe o sr....

Sou o/a...

Quem é ela?

Dá-me licença, sr....

PARA:

Apresentar alguém

Convidar alguém

Apresentar-se

Despedir-se

Cumprimentar alguém

Informar-se sobre alguém

Dar uma informação

Pedir autorização

Que outras frases conhece para:

Cumprimentar alguém_____

_____

Despedir-se de alguém_____

_____

Apresentar alguém_____

_____

7

BLOCO 1

Personagens: | Pedro
João

Dados: | São amigos
O Pedro vai tomar café e convida o João
O João não pode, vai para casa

Transforme em diálogo:

Cumprimento

_____
_____
_____
_____

Convite

_____
_____
_____
_____

Recusa

_____
_____
_____
_____

Despedida

_____
_____
_____
_____

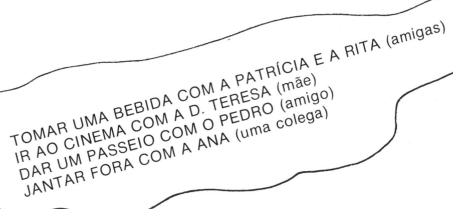

1 MAS COMO É QUE ELA OS CONVIDA?

Vocês_____?

Mãe,_____?

Pedro,_____?

Ana,_____?

2

Loira, cabelo curto, olhos azuis ☐

Olhos escuros, cabelo liso e comprido, moreno ☐

Moreno, cabelo encaracolado, bigode ☐

Descreva a 4.ª pessoa _____

_____

_____

9

IMAGENS E LEGENDAS

3

A  Eles são gordos

E  Ele é moreno

B Ela é simpática

F  Eles são baixos

C  Elas são altas

G  Ela é magra

D  Ele é antipático

H  Elas são loiras

ESCREVA PARA CADA IMAGEM A LEGENDA CORRECTA:

A _____

B _____

C _____

D _____

E _____

F _____

G _____

H _____

É BOM OBSERVADOR?

Este bar fica no número_____

É sábado,_____

São_____horas.

A ginginha custa_____ escudos.

Há_____garrafas na prateleira.

A camisola dela tem o número_____

Na paragem passa o autocarro número_____

A amêndoa amarga custa_____

5 A Madalena compra sempre um jornal.

No quiosque vendem-se muitos jornais.

Todos os dias a D.ª Teresa compra um pão caseiro e uma carcaça.

Na padaria vendem-se muitos_____

A Cidade Universitária tem um hospital.

Lisboa tem muitos_____

O Miguel é irmão do Carlos

O Miguel e o Carlos são_____

O Eng. Ferreira é director de uma empresa.

Os Engenheiros Ferreira e Barreto_____

Agora preciso só de um lápis de cor.

Mais logo vou precisar de vários_____

Obrigado pela informação.

Obrigado pelas_____

6

O QUE É QUE ELES ESTÃO A FAZER?

1. _____

2. _____
   _____

3. _____

4. _____

5. _____
   _____

6. _____
   _____

NÃO, NÃO TENHO!

7 Tens o telefone do Pedro?

Não, _____

Vocês têm o livro da Rita?

Sim, _____

O Sr. tem as chaves do carro?

Claro, _____

Ela tem notícias da Lena?

Não, _____

8 Tu pedes a morada ao João

Vocês _____

A Manuela _____

Eu _____

Os colegas _____

9 Eles gostam do trabalho que fazem!

Eu e a Joana _____

Tu _____

O sr. Nunes _____

O professor e os alunos _____

Eu _____

10 ONDE É QUE ELES TRABALHAM?

(Complete os espaços em branco)

Ele trabalha_____(a) Ajuda, mas mora_____(os) Prazeres.

A D.ª Zélia trabalha_____(a) cidade, mas vive_____(o) campo.

A Joana trabalha_____(a) Avenida da Liberdade, mas mora_____

(a) R. André Gouveia.

O Filipe trabalha_____Lisboa, mas vive_____(os) arredores.

---

11 SER OU... ESTAR

(Complete utilizando estes dois verbos)

O Pedro trabalha no Hotel,_____o gerente.

Vocês vivem em Portugal mas_____estrangeiros.

A Maria não_____em casa porque trabalha na cidade.

Nós ensinamos geografia,_____professores.

Hoje não vou trabalhar porque_____doente.

Ela_____enfermeira,_____no hospital.

O sr. Ferreira_____motorista da Carris,_____no autocarro.

Eu e a Patrícia_____na aula_____do 1.º ano.

12 Complete:

Ele é estudante — estuda

Ele é tradutor —

Ela é intérprete —

Ele é cozinheiro —

Ela é escritora —

Eles são leitores —

Ele é vendedor —

13 Construa frases colocando as palavras na ordem correcta:

1 — número da qual o é porta?

_____

2 — vivo em não já Lisboa

_____

3 — há trabalhamos aqui muito nós tempo

_____

4 — estás a ainda Lisboa em trabalhar?

_____

5 — preocupes te com não números os!

_____

14 **A CONVERSA ENTRE O JORNALISTA E O SENHOR TIBÉRIO ESTÁ DESORDENADA**

Coloque-a pela ordem correcta.

Sr. Tibério — Bem, ele é baixo e forte, tem um grande bigode e é bastante moreno.

Jornalista — Bom dia, sou o Rui Aguiar, do "Jornal da Tarde". Procuro o Dr. Travassos, ele trabalha aqui?

Sr. Tibério — De nada, muito prazer.

Jornalista — Olhe, eu não o conheço, pode dizer-me como é que ele é.

Sr. Tibério — Sim, já sei, ele é professor nesta escola, mas não está neste momento.

Jornalista — Muito obrigado pelas suas informações. Eu vou esperar um pouco.

BLOCO 2

15

15 O RUI É ESTUDANTE UNIVERSITÁRIO

Complete o que ele diz:

Perto da Cidade Universitária vivem muitos estudantes. Eu, por exemplo, moro _____ Rua João Soares, fica muito perto _____ minha Faculdade.

_____ Lisboa, como _____ Porto, a vida não é fácil para os estudantes que vêm de outras regiões _____ país. Encontrar um quarto confortável e barato _____ capital é difícil.

Conheço _____ colega que procura um apartamento _____ duas semanas e não encontra. Ele já trabalha _____ muito tempo e por isso tem dinheiro para alugar _____ apartamento. _____ meu colega está _____ trabalhar num jornal, mas ainda não é jornalista profissional.

16 QUAL A FRASE CERTA   PARA:

De nada!	Pedir desculpa
Com certeza!	Cumprimentar
Desculpe, minha senhora.	Descrever fisicamente alguém
Olá, tudo bem?	Concordar
Ela é alta e morena	Depois de um agradecimento
Obrigado	Despedir-se
Até amanhã	Convidar
Não, não posso ir contigo.	Agradecer
Queres ir ao cinema?	Recusar

NA MINHA SALA DE TRABALHO...

1. Tenho o dicionário _____ _____ _____ secretária.
2. O cesto dos papéis está _____ _____ secretária.
3. O cinzeiro está _____ _____ _____ maço de cigarros.
4. O quadro está pendurado _____ parede.
5. A cadeira está _____ _____ _____ computador.
6. A régua está _____ _____ esquadro.
7. A tesoura está _____ _____ gaveta.
8. O candeeiro de tecto está _____ _____ _____ mesa.
9. Há um papel no chão _____ _____ _____ cesto.
10. O livro está _____ o bloco e o cinzeiro.

Continue...

_____

_____

_____

_____

_____

_____

Descreva o seu quarto_____

_____

_____

_____

Descreva a sua sala de aula_____

_____

_____

_____

_____

_____

2 Construa frases colocando as palavras na ordem correcta:

1 — direita café é o ali à

_____

2 — chávena perto uma do balcão há

_____

3 — empregado alto moreno o e é

_____

4 — e a bica custam o quanto bolo?

_____

5 — está a bica achas quente que?

_____

3

AFINAL QUANTO É?

A

B

A		B
Dez tostões	1$00	
	7$50	*Sete escudos e cinquenta centavos*
	10$00	
	12$00	
	22$50	
	2000$00	
	1950$00	

4 PREÇOS DE CAFETARIA

CAFÉ BEBIDA "BICA" BALCÃO	....	60$00
CAFÉ BEBIDA "BICA" MESA	....	75$00
CARIOCA DE CAFÉ ESPLANADA	....	90$00
COPO DE LEITE	....	95$00
CHÁVENA DE CAFÉ COM LEITE	....	80$00
GAROTO	....	60$00
GALÃO	....	120$00
TORRADA	....	110$00
PÃO COM MANTEIGA	....	95$00

SANDES:

DE FIAMBRE	....	140$00
DE QUEIJO FLAMENGO	....	135$00
MISTA	....	215$00
CACHORRO	....	180$00
PREGO NO PÃO	....	260$00
SALGADOS	....	55$00
PASTELARIA VARIADA	....	65$00

O João entra no café e escolhe a mesa do canto.
Para o seu pequeno-almoço vai querer:

    1 galão
    1 sandes mista
    1 rissol (salgado)
    1 croquete (salgado)
    1 bica

Tem apenas uma nota de 1000$00

    Quanto vai pagar?

    _____
    _____
    _____

    Qual é o troco?

    _____
    _____
    _____

O João é simpático, deixa uma gorjeta de 10%. Com quanto fica o empregado?

O EMPREGADO DISTRAÍDO

5

Ajude o empregado
a corrigir a sua
nota.

Mesa do Canto — Separada
Uma cerveja — morno
Uma Tosta — mineral
Um galão — Fresca
Uma bica — dupla
Uma água — de Fiambre
Uma sandes — mista
A conta

_____
_____
_____
_____
_____
_____
_____
_____
_____
_____

6

O EMPREGADO É QUE SABE!

Pergunte-lhe:

_____ ?

E: A casa de banho é ao fundo, à direita

_____ ?

E: Não, manteiga sem sal não há.

_____ ?

E: O outro empregado não está cá hoje, está doente.

_____ ?

E: Ora... são... duzentos e trinta e cinco escudos

BLOCO 3

7 ANTES PELO CONTRÁRIO...

No Café:

— O empregado é antipático, não achas?
— Não, antes pelo contrário, é simpático.
— O teu chá está frio?
— Não, pelo contrário, está _____
— Gostas do café muito doce?
— Não, prefiro o café _____
— Aqui dentro está frio!
— Pelo contrário, até está bastante _____
— Queres o galão com leite gordo?
— Não, com leite_____
— O meu bolo é duro, e o teu?
— Olha, o meu está_____
— O lanche afinal é barato.
— Pelo contrário, até acho bastante_____
— Mas o serviço é rápido...
— Rápido, até o acho um pouco_____

8 O SENHOR DIRECTOR...

(Complete ou deixe em branco os espaços)

Rita — Dá-me licença _____ sr. Director?
Director — Faz favor, bom dia.
Rita — _____ Carlos e _____ Lúcia são meus amigos e vão para _____ Biblioteca Central, mas não têm cartão de ingresso...
D — Já conheço_____Lúcia, mas_____seu amigo Carlos ainda não. São _____ irmãos?
C — Não, não somos_____irmãos, somos colegas e vamos...
D — Muito bem, são colegas nesta Faculdade?
L — Não,_____Sr. Director, somos estudantes de psicologia, mas_____livro que queremos ler está...
D — Psicologia... um curso muito interessante. Gostam? Podemos ir tomar um café e conversamos um pouco. Concordam?!...
C — É muito simpático da sua parte, mas nós não temos _____ tempo. _____ Sr. Director compreende...
D — Claro, claro, mas então o que pretendem?
R — Sr. Director, eles não têm cartão e a biblioteca fecha daqui a meia hora...
D — Com certeza, hoje podem consultar_____livros que precisam, mas para a próxima...

22

PERSONAGENS E DIÁLOGO

9

Personagens: Luís
Catarina

Dados: O Luís convida a Catarina para o lanche
O Luís só quer uma bica e um bolo
A Catarina quer um chá e uma torrada
O Luís oferece o lanche

Transforme em diálogo

CONVITE
_____
_____
_____
_____

Pedido ao
empregado
_____
_____
_____
_____

Pagamento
_____
_____
_____
_____

Agradecimento
_____
_____
_____
_____

Despedida
_____
_____
_____
_____

Caminhos de Ferro
Portugueses

DIRECÇÃO COMERCIAL
DIVISÃO COMERCIAL
Informação e Promoção

Lisboa - Porto

Madrid

OBSERVAÇÕES

1-2 – 1.ª e 2.ª classe.
a – Só efectua paragem de 15 de Maio a 15 de Outubro.
♈ – Serviço de bar.
☲ – Refeições servidas no lugar.
[1] – Só são admitidos passageiros para Abrantes e além.
[2] – Os passageiros que tomarem o seu lugar de cama nas estações para além de Entroncamento, ficam sujeitos ao pagamento da mesma, à partida desta estação.
[3] – Faz transbordo na estação de Entroncamento.
[R] – Marcação de lugar obrigatória.
H. E. – Hora espanhola.
⋮ – Comboio com suplemento.
⊨ – Camas.
⊨ – Beliches.

FERGRAFICA – artes gráficas lda

COMBOIOS INTERNACIONAIS

Rápido «TER» 331 ♈ ☲ [1] [R]	Rápido «Lusitânia Expresso» 333 ☲ [2] [R]		ESTAÇÕES		Rápido «Lusitânia Expresso» 330 ☲ [R]	Rápido «TER» 332 ♈ ☲ [R]
1-2	1-2				1-2	1-2
8 10	21 25	P	Lisboa (Sta. Apolónia)	C	8 38	19 05
9 18	22 32	C	Entroncamento	P	7 26	17 58
	18 45	P	Porto (Campanhã)	C	11 20	22 41
	18 55		Vila Nova de Gaia		11 11	22 30
	19 11		Espinho		10 56	22 03
	19 23		Ovar		10 44	21 43
	19 34		Estarreja		10 34	21 30
	19 48		Aveiro		10 22	21 14
	20 08 a		Curia (ap.)		10 02 a	20 46
	20 20		Pampilhosa		9 53	20 36
	20 34		Coimbra-B		9 41	20 00
	20 51		Alfarelos		9 27	19 47
	21 10		Pombal		9 08	19 23
	21 50 [3]	C	Entroncamento	P	8 29	18 31
9 20	22 47	P	Entroncamento	C	7 07 [3]	17 48 [3]
9 43	23 14	C	Abrantes	C	6 40	17 25
9 44	23 14	P		C	6 39	17 21
10 07			Ponte de Sôr			16 58
10 41			Vale do Peso			16 28
11 01			Castelo de Vide			16 10
11 17	0 45	C	Marvão-Beirã	P	5 18	15 54
11 25	0 55			C	5 00	15 34
11 40	1 10	C	Valência de Alcântara	P	4 45	15 20
13 20 (H.E.)	2 25 (H.E.)	C		P	5 10 (H.E.)	16 09 (H.E.)
19 23	8 30	C	Madrid (Atocha)	P	22 55	10 10

1   **LISBOA-PORTO-MADRID**

O Rui tem dificuldades em interpretar o horário da CP

(Complete o diálogo)

Rui — Ajuda-me aqui, por favor. Estes horários são muito complicados. Quero ir a Madrid e só posso sair do Porto à tarde.

André — Então só podes apanhar o_____que sai às_____

R — OK, é bom para mim. Vê lá aí, por favor,_____
_____?

A — Em Coimbra passa mais ou menos às oito e meia.

R — É que a Luísa vai de Pombal a Coimbra para me entregar um livro que...

A — Então é ainda mais fácil, o "Lusitânia Expresso" passa mesmo em Pombal às_____

R — Óptimo. Olha lá, a que horas passo a fronteira? Gosto sempre de estar à janela, mesmo quando é de noite.

A — Ora... a fronteira é junto a... bem, só sei que sais de Marvão Beirã às_____ e chegas a Valência de Alcântara às_____

R — E depois de Valência de Alcântara, quanto tempo demoro até Madrid?

A — _____

R — E no Domingo de manhã, a que horas posso regressar a Portugal?

A — De manhã... o Rápido TER sai de Madrid às_____

R — Está mesmo tudo a calhar. Agora só espero não ter nenhum atraso.

A — Normalmente os Comboios são_____tu é que já estás atrasado para comprar o bilhete e reservar uma cama. Boa viagem e bom fim-de-semana.

2 ONDE FICA?

Identifique onde ficam os locais:

Ex.: O cinema fica em frente do supermercado; fica perto da Rotunda.

1. A Escola _____ jardim
2. O Metro _____ restaurante
3. A Agência de Viagens _____ Instituto de Beleza
4. O Correio _____ o táxi e o Hotel
5. O Café _____ paragem de autocarros
6. O Teatro _____ jardim;

   e _____ o supermercado e o hotel

_____

_____

_____

_____

_____

_____

3 JÁ IMAGINOU UM AVIÃO MORENO?
CLARO QUE NÃO!

Então escolha os adjectivos (coluna da direita) que se podem utilizar com os substantivos (coluna da esquerda).

Um avião	moreno
	desportivo
	especial
	cheio
Um café (bica)	simpático
	quente
	atrasado
	rápido
	calmo
	confortável
	alto
Um empregado	pesado
	duplo
	grande

CINEMA
SUPERMERCADO
TEATRO
HOTEL
CORREIO
INSTITUTO DE BELEZA
AGÊNCIA DE VIAGENS
TERMINAL DE AUTOCARROS
CENTRO COMERCIAL
TELEFONES
FLORISTA
CAFÉ

PARAGEM DE TÁXIS
PARAGEM DE AUTOCARROS
BANCO
HOSPITAL
QUIOSQUE
IGREJA
HOSPITAL
METRO
RESTAURANTE
COMPANHIA DE SEGUROS
MUSEU
ESCOLA
JARDIM

4 A CIDADE UNIVERSITÁRIA E A SUA ZONA

A) Você está em Lisboa, na Faculdade de Letras (G).
   Quer ir para o Campo Pequeno (E). Como faz?_____
   _____
   _____
   _____
   _____

B) Você está no terminal de autocarros (B).
   Quer ir para a Biblioteca Nacional (M). Como faz?_____
   _____
   _____
   _____
   _____

C) Você está no Hotel (J).
   Quer ir ao Correio (O). Como faz?_____
   _____
   _____
   _____
   _____

D) Depois do Correio, decide visitar o Museu da Cidade (P). Como faz?
   _____
   _____
   _____
   _____

Nota: Diga sempre em pormenor como faz.

Use os **verbos**	os **substantivos**
atravessar	a avenida
seguir	a rua
voltar	o largo
virar	a praça
	o cruzamento
	a esquina

Use as **preposições**

em
a
para
até
por

**PLANTA DA (Zona da Cidade Universitária)
CIDADE DE
LISBOA**

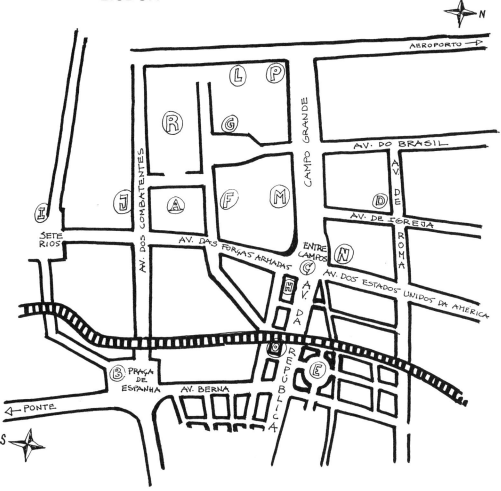

A — HOSPITAL DE SANTA MARIA
B — TERMINAL DE AUTOCARROS
C — PRAÇA DE TÁXIS
D — CENTRO COMERCIAL
E — PRAÇA DE TOUROS
F — ESCOLA SECUNDÁRIA
G — FACULDADE DE LETRAS
H — FEIRA POPULAR
I — JARDIM ZOOLÓGICO
J — HOTEL
L — HIPÓDROMO
M — BIBLIOTECA NACIONAL
N — FARMÁCIA
O — CORREIO
P — MUSEU DA CIDADE
R — ESTÁDIO UNIVERSITÁRIO

BLOCO 4

29

5 Construa frases colocando as palavras na ordem correcta:

1 — autocarro preferimos ir de nós

_____

2 — horas três em são ponto

_____

3 — Lisboa Porto ao são até de quatro horas

_____

4 — passa este não comboio Setúbal por

_____

5 — é que para vai se o Porto como?

_____

6 Releia rapidamente o "Diálogo 4.4"
Feche o livro e tente colocar as frases por ordem correcta.

— Não, o outro que está ao lado.
— É rápido, demora cerca de hora e meia.
— E o comboio pára mesmo no centro da cidade.
— O senhor tem um agora às nove horas.
— Não, o senhor tem que ir àquele guiché ali ao fundo.
— Não, não. Pára em Coimbra B, mas depois há várias ligações para a cidade.
— Qual é o próximo comboio para Coimbra.
— E quanto tempo demora?
— Neste guiché vendem bilhetes?
— Qual deles? Aquele que tem muita gente?

_____
_____
_____
_____
_____
_____
_____
_____
_____

7 Faça *duas* perguntas para cada resposta:

Um quarto para as onze.

É melhor apanhar o autocarro, ainda é um pouco longe.

Eu prefiro ir a pé.

Tenho carta de condução há quatro anos.

O autocarro passa de cinco em cinco minutos.

O melhor avião é o da TAP.

8 O QUIM E O ADRIANO SÃO UM POUCO DISTRAÍDOS...

(Complete o diálogo)

Na Cidade Universitária

Quim — Como posso ir _____ a Torre do Tombo?

Adriano — Ainda é longe, tens _____ apanhar o autocarro.

Quim — O 32 passa de vinte _____ vinte minutos. Tens horas?

Adriano — Esqueci-me _____ relógio _____ casa, não tenho horas.

Quim — _____ meu relógio é uma e dez, mas não tenho a certeza. Às vezes ele não funciona lá muito bem.

Adriano — Porque é que não apanhas _____ táxi? Com o trânsito que está hoje, nunca mais lá chegas.

Quim — Boa ideia. Vou _____ táxi.
Um minuto depois...

Adriano — Espera aí, estamos completamente loucos, a Torre do Tombo agora é _____ Cidade Universitária, _____ lado _____ Faculdade, já há algum tempo que é aqui.

9 QUE FRASE DIGO

Acho que sim.

Era uma sandes, uma cerveja e...

Era a conta, por favor.

Pode-me dizer onde é o...

Estou com fome.

QUANDO

Tenho fome.

Na rua, quero saber onde fica o...

Concordo com alguém.

Quero pagar, depois do lanche.

Antes do lanche, peço ao empregado.

31

10 Assinale a frase escolhida

O QUE DIZEMOS QUANDO ?

I — Encontramos uma amiga pela 1.ª vez nesse dia
 a) Eu também, e tu?
 b) Olá, estás boa?
 c) Que dia é hoje?
 d) Como está o Dr. Simas?

II — Queremos convidar alguém a tomar um café.
 a) O café está pronto!
 b) Com ou sem açúcar?
 c) A bica está bem forte!
 d) Toma um café?

III — Queremos saber as horas
 a) Então, já é tarde?
 b) Sabe se estou atrasado?
 c) Tem horas que me diga?
 d) Por acaso viu o meu relógio?

IV — Queremos pagar depois de tomar um grande pequeno-almoço
 a) Diga-me a nota, por favor.
 b) Era a conta, por favor.
 c) Desculpe, era o bilhete por favor.
 d) (Se) faz favor, podia trazer-me o troco.

V — Alguém nos agradece
 a) Claro, tem razão!
 b) Até que enfim!
 c) Estou desiludido!
 d) De nada!

VI — Alguém nos pede desculpa
 a) Não tem importância, não faz mal!
 b) Não me diga
 c) Não é preciso!
 d) Tudo bem!

VII — Na rua, queremos saber quando passa o próximo autocarro
 a) Por favor, o próximo autocarro está atrasado?
 b) Desculpe, a que horas é o próximo autocarro para...
 c) Desculpe, de quanto em quanto tempo passam os autocarros.
 d) Por favor, o próximo autocarro é laranja?

VIII — Quando não sabemos o caminho para...
 a) Onde é...?
 b) Onde posso encontrar...?
 c) Como é que se vai para...?
 d) Porque é que se vai para...?

1 DESCREVA O QUE AS IMAGENS MOSTRAM:

1.1

_____

_____

_____

_____

_____

_____

_____

_____

_____

_____

_____

_____

_____

1.2

_____

_____

_____

_____

_____

_____

_____

_____

_____

_____

2

Imaginando

as

seguintes

situações:

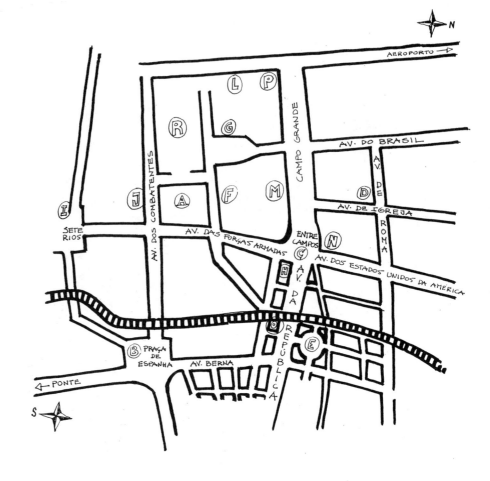

3 Recado

Deixe um recado no hotel explicando como é que o seu amigo deve fazer para se encontrar consigo em frente da Praça de Touros.

Diálogo

O seu amigo engana-se e só na esquina da Av. da Igreja com a Av. de Roma encontra alguém que o orienta.

1

FERIADOS NACIONAIS

Solenidade Santa Mãe de Deus	1 de Janeiro
Dia da Liberdade	25 de Abril
Dia do Trabalhador	1 de Maio
Dia de Portugal	10 de Junho
Assunção de N.ª S.ª	15 de Agosto
Implantação da República	5 de Outubro
Todos-os-Santos	1 de Novembro
Restauração da Independência	1 de Dezembro
Imaculada Conceição	8 de Dezembro
Natal	25 de Dezembro

FERIADOS MUNICIPAIS (Capitais de Distrito)

PORTUGAL CONTINENTAL

Aveiro	12 de Maio
Beja	15 de Maio
Braga	24 de Junho
Bragança	22 de Agosto
Castelo Branco	3.ª Dia da Romaria de N.ª S.ª de Mércoles. (2.ª Sem. após a Páscoa)
Coimbra	4 de Julho
Évora	29 de Junho
Faro	24 de Junho
Guarda	3 de Maio
Leiria	22 de Maio
Lisboa	13 de Junho
Portalegre	23 de Maio
Porto	24 de Junho
Santarém	19 de Março
Setúbal	15 de Setembro
Viana do Castelo	20 de Agosto
Vila Real	13 de Junho
Viseu	21 de Setembro

REGIÕES AUTÓNOMAS

Angra do Heroísmo	24 de Junho
Funchal	1 de Maio
Horta	24 de Junho
Ronta Delgada	2.ª Feira seguinte ao Domingo de Santo Cristo

CALENDÁRIO 1993

1993 — O ANO EM FERIADOS

Em que dias da semana foram:

O 10 de Junho?_____

O 5 de Outubro?_____

O 25 de Abril?_____

Em 1988 festejou o seu aniversário durante a semana ou no fim-de-semana?
_____

Em que dia?_____

Escreva: A data de hoje_____

A data do seu nascimento_____

2

—Folha da Agenda da Sophie

2ª FEiRA	9-11 - Aula da Língua Portuguesa 11-13 - Aula de Cultura Portuguesa 15-16 - Estudar 17-19 - Badmington - Estádio Universitário/Noite
3ª FEiRA	9-11 - Aula de Língua Portuguesa 12-13 - Cultura Portuguesa (Aula) 13-17 - Visita de Estudo - Museu da Cidade Noite:/ Estudar
4ª FEiRA	9-11 - Aula de Língua Portuguesa 11-13 - Aula de Cultura Portuguesa 15-17 - Estudar 17-19 - Badmington - Estádio Universitário/Noite - Jazz no Hot Club
5ª FEiRA	— tarde - Estudar Noite - Cinema Português - O lugar do Morto
6ª FEiRA	9-11 - Aula de Língua Portuguesa 11-13 - Cultura Portuguesa (Aula) 15-17 - Teste de Língua Portuguesa
SÁBADO	Manhã — tarde - Passeio a Sintra Noite - Jazz na Aula Magna
DOMINGO	Manhã - Estudar tarde - Nadar Noite - Jantar na casa da Mariana

A SEMANA DA SOPHIE PASSOU DEPRESSA

— Quantas vezes durante a semana, foi a Sophie jogar badmington?
Em que dias?

— Na sexta-feira ela teve a noite livre. E na noite anterior, o que é que ela fez?

— Qual foi o dia da semana mais ocupado? E o mais livre?

— Qual foi a hora normal de almoço da Sophie durante esta semana?

— Acha que a Sophie se levanta muito cedo? Porquê?

— E no fim-de-semana ela estudou muito?

COMPLETE:

Na quinta-feira a Sophie _____ (ter) muito tempo livre.
De manhã _____ (dormir) até tarde.
_____ (aproveitar) a tarde para estudar. _____ (pôr)
a música baixinho e _____ (fazer) todos os exercícios de
preparação para o teste. Às quatro da tarde_____ (aparecer)
a Mariana e _____ (ir) ambas lanchar: _____ (comer)
uma sandes e _____ (tomar) uma bica. _____ (combinar)
o lugar de encontro para o filme da noite e a Sophie _____ (voltar)
para casa para estudar de novo.
Às oito horas _____ (fazer) o jantar, _____ (jantar)
à pressa e_____ (sair) às nove em ponto.

BLOCO 6

Recorde o seu dia de ontem e
escreva o que fez de mais importante.

De manhã — _____
_____
_____
_____
_____
_____
_____

À tarde — _____
_____
_____
_____
_____
_____
_____

À noite — _____
_____
_____
_____
_____

37

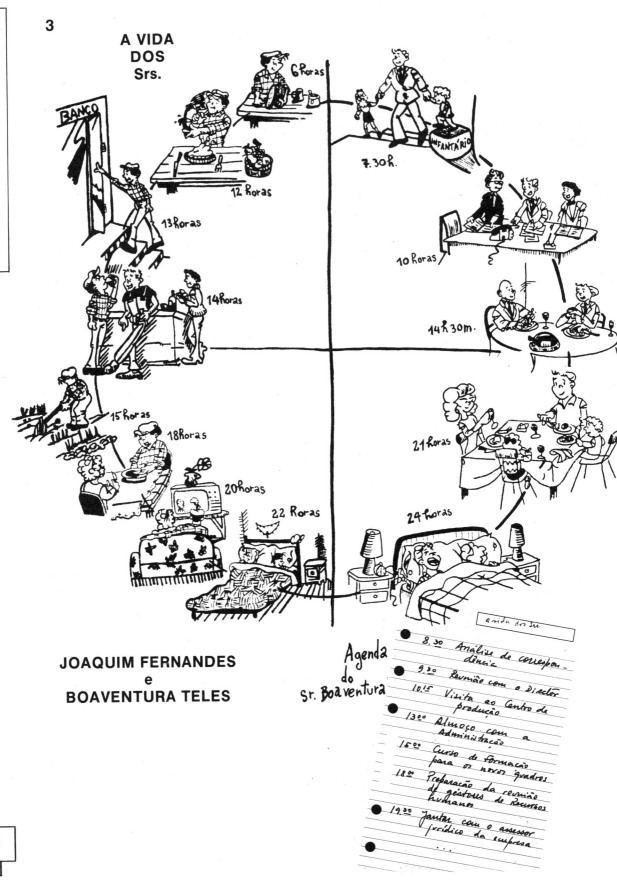

O Sr. Joaquim Fernandes vive numa aldeia do interior, é agricultor e pensa que "a agricultura é a vida mais dura que um homem pode ter". Ele não conhece o Sr. Boaventura Teles que é Chefe de secção de uma companhia de seguros em Lisboa. O Sr. Boaventura pensa que "a vida no campo é que é boa".

Diga o que fizeram ontem estas duas pessoas:

_____
_____
_____
_____
_____
_____
_____
_____
_____
_____
_____
_____

Ontem foi um dia normal normal de tabalho. A vida destes homens é quase sempre assim.

Escreva algumas frases comparando estas duas vidas. Fale de:

    — hora de levantar e deitar
    — almoço
    — convívio com os amigos
    — convívio com a família
    — dificuldades no trabalho, etc.

_____
_____
_____
_____
_____
_____
_____
_____

c) Finalmente quem tem razão?

Sr. Joaquim Fernandes "... a agricultura é a vida mais dura que um homem pode ter!"
Sr. Boaventura Teles — '... a vida no campo é que é boa!"

Dê a sua opinião:

_____
_____
_____
_____

4

DE QUEM É?

O Pedro comprou o jornal. O jornal é_____

A Maria comprou um calendário bonito. O calendário é
_____

O José e o Pedro compraram um computador. O computador é_____

A Teresa e a Ana compraram uma bicicleta. A bicicleta é
_____

Eu tenho um livro. O livro é
_____

Vocês têm uma casa. A casa é
_____

Tu tens o dicionário. O dicionário é_____

Nós temos as chaves. As chaves são _____

Você tem os bilhetes. Os bilhetes são _____

Você tem a cerveja. A cerveja é _____

5

É POR ISSO QUE...

Perdi os óculos!
É por isso que não te vejo
Foi por isso que não te vi   (Não te ver)

Nunca foste a Coimbra!
_____
_____   (Querer ir)

Tive um acidente
_____
_____   (Chegar tarde)

Perdi as chaves!
_____
_____   (Não poder entrar em casa)

Apanharam um taxi!
_____
_____   (Chegar cedo)

Comeu pouco!
_____
_____   (Querer mais)

Não comprámos os bilhetes!
_____
_____   (Não ir ao cinema)

6 Do Telejornal...

No fim-de-semana que agora termina, os europeus estiveram de uma maneira geral de parabéns pelas condições climatéricas que se fizeram sentir por todo o lado.

Os habitantes das cidades europeias tiveram boas razões para sair e aproveitar a excelente temperatura junto das praias ou no campo onde não choveu e a neve esteve ausente. Só no centro do continente o céu esteve um pouco nublado e o vento soprou forte. Nas Ilhas Britânicas e só no fim da tarde de domingo caíu neve nas terras mais altas, mas o céu esteve de uma maneira geral nublado pelo que os britânicos foram os que menos viajaram este fim-de-semana. Também foram os que sofreram menos nas estradas, já que há notícias de grandes engarrafamentos e até de acidentes graves em todo o norte e sul da Europa...

Acha que esta parte da notícia está relacionada com o mapa meteorológico? Quais são os aspectos comuns?

_____

_____

_____

E quais os que se afastam?

_____

_____

_____

Em que estação do ano é provável encontrar um mapa meteorológico semelhante?

_____

_____

Que tempo está registado no mapa meteorológico? Quais os habitantes mais privilegiados?

_____

_____

_____

_____

_____

7 Complete com o verbo IR e FAZER.

— No fim-de-semana choveu tanto! O que é que vocês fizeram?

— _____ao teatro.

— E tu, o que_____?

— E a tua irmã?

— _____a casa de uns amigos.

— E amanhã, o que é que_____?

— Vamos ficar em casa.

8 Faça as perguntas para as seguintes respostas:

_____?

Começou a chover às cinco da tarde.

_____?

Há quatro estações no ano.

_____?

Em Portugal há dez dias feriados.

_____?

Só chegámos a Lisboa há três dias.

_____?

De Lisboa a Francoforte, num voo normal, um avião demora três horas.

_____?

O Comboio passa de meia em meia hora.

_____?

Não nos vemos desde o Natal.

_____?

1

O SONHO DA ELISA...

(A Elisa vive no Alentejo numa aldeia; os primos vivem em Lisboa)

Pois é, **era tão bom** convidar os meus primos...

Eles **chegavam** depois do almoço.

_____	Descansar um pouco.
_____	Dar um passeio pelo Monte.
_____	Lanchar em casa da avó.
_____	Comer o bolo que ela fez ontem...
_____	Ir ver o poltro que nasceu na semana passada.
_____	Adorar o poltrozinho.
_____	Descobrir as novidades da quinta.
_____	Ajudar a fazer o jantar.
_____	Fazer um caldo verde.
_____	Escolher o melhor azeite.
_____	Jantar e ficar a conversar um pouco.
_____	Sair e ir à festa.
_____	Fazer projectos para os próximos dias.

Mas os primos têm tanta coisa para fazer em Lisboa!!!

2 FOI O CAFÉ QUE SE ENTORNOU...

Telefonou o Bernardo. Chega ⬤ Lisboa Sábado à tarde. Vem ⬤ comboio e tem a noite livre. Fica ⬤ Lisboa no fim-de-semana e gostava muito ⬤ estar contigo. No Domingo tem um almoço ⬤ a família e está ocupado até às três horas. Disse que lhe apetecia dar um passeio a pé na ⬤ e ver o pôr-do-sol do Guincho.

Também lhe apetecia ir ⬤ um barzinho ⬤ Lisboa. Essas coisas que vocês gostam...

A Margarida não pode vir porque ⬤

Beijinhos

P. S. O tempo no Porto está ⬤ Ela fica em casa do ⬤

A Joana chegou a casa, fez um café e encontrou o recado da mãe, mas infelizmente entornou o café por cima do papel...

Algumas palavras são fáceis de descobrir. Ajude a Joana a interpretar o recado encontrando as palavras correspondentes às **manchas mais claras**:

1. _____ 5. _____
2. _____ 6. _____
3. _____ 7. _____
4. _____

Claro que ela telefonou para o Porto para compreender o resto. Que perguntas teve que fazer para ficar com a mensagem completa?

_____
_____
_____
_____
_____

3 Percebes o exercício?
Sim, *percebo-o*

1 — Levas a bicicleta?
Sim, _____
2 — Compraste os bilhetes?
Claro, _____
3 — Encontraste o Bernardo?
Sim, _____

Reservaste bilhete para o Ballet?
Não, vou *reservá-lo.*

1 — Contactaste a agência de viagens?
Não, _____
2 — Puseste o carro na garagem?
Ainda não, _____
3 — Fizeste estes exercícios?
Não, _____

4 Eles é que limparam a casa para a festa?
Sim, *limparam-na.*

1 — Eles é que fazem os convites todos?
Sim, _____
2 — Eles é que fizeram as compras?
Sim, _____
3 — Eles é que lavaram a loiça toda?
Sim, _____
4 — Eles é que decoram o pátio quando há festa?
Sim, _____

Comprei um vinho especial para hoje.
É para *nós bebermos os dois.*

Só abrem a garrafa no fim da festa.
É para vocês _____

Desculpa, a mesa ficou toda suja.
É para tu _____

O assunto tem que ser discutido.
É para nós _____

Trouxe um livro interessante e fácil de ler.
É para tu _____

Dei-lhe uma colecção de lápis de côr.
É para ele _____

Comprei um novo disco para os meus filhos.
É para eles _____

COMPLETE

É preciso gostar de Ballet para se compreender o espectáculo.

Sem_____ (comprar) os bilhetes não podemos entrar no cinema.

Antes de _____ (ir) para férias eles estudaram o itinerário da viagem.

Depois de_____ (assistir) ao espectáculo ainda vais trabalhar em casa.

Era bom vocês _____ (trazer) um chapéu de chuva porque o espectáculo é ao ar livre.

Foi mais prático nós _____ (ir) a um restaurante do que a Maria fazer o jantar sozinha.

Para _____(ter) um fim-de-semana livre precisei de trabalhar todas as noites.

5 É demais!!!

É muito, muito cara, mesmo!
É cara demais para mim!
É demasiado cara para mim!

O aperitivo era muito mau, muito mau mesmo!
_____
_____

A música ambiente era muito triste, muito triste mesmo!
_____
_____

Na festa havia muita gente, não coubemos todos à mesa.
_____
_____

Claro que a casa também era muito pequena, algumas pessoas não conseguiram entrar.
_____
_____

E a noite estava fria, muito fria mesmo, para uma noite de Verão.

_____

_____

E havia tanto barulho que não nos ouvíamos uns aos outros.

_____

_____

E os convidados de honra beberam muito, não foi? Acho que até alguns...

_____

_____

6 Ao telefone...

A conversa entre o Tiago e a D.ª Lúcia Abreu está desordenada. Coloque-a por ordem correcta.

T — Não, não é nada importante, era só para confirmar a hora do teatro esta noite.

LA — Penso que ela vem jantar.
Não quer deixar recado?

T — Está lá, é da casa da Joana Abreu?

LA — Então, quando ela chegar eu digo-lhe que o Luís telefonou e ela liga para si.

T — Olhe, daqui é o Luís, eu queria falar com a Joana. Não sabe a que horas é que ela chega?

LA — Ora essa... de nada. Com licença.

T — Está bem, muito obrigado e desculpe incomodá-la.

LA — É sim, mas ela não está.

_____
_____
_____
_____
_____
_____
_____
_____
_____

MUSEUS

Museu de Etnologia. *Av. Ilha da Madeira,
tel. 615264. pr. 60. Entr. livre ao dom. e a prof.,
estud. e reform. 10-12.30h e 14-17h. Fecha 2ª
e feriados.*
*Povos e culturas de cinco continentes. Rica e
completa colecção de etnografia portuguesa e
africana.*

Museu da Cidade. *Palácio Pimenta Campo Grande,
245. tel. 7591617. Pr. 150. Entr. livre ao dom. e a
estud., menores, reform. e c. jovem, 10-13h e 14-18h.
Fecha 2.ª.*
*Evolução da cidade de Lisboa até à implantação
da Républica. Documentos, gravuras, maquetes.
(«Lisboa antes do terramoto de 1755»).*

Centro de Arte Moderna. *R. Dr. Nicolau Bettencourt,
tel. 735131. Pr. 40. Dom. entr. livre e a estud., prof. e
reform. 10- 17h. (4ª e sáb. 14-19.30h.). Fecha 2ª e
feriados.*
*Colecção representativa de escultura e pintura
portuguesa deste século.*

BARES - LISBOA

- **Artis**. *R. do Diário de Notícias, 95, tel. 324795.
  Cerveja 150., whisky 300., moscatel de Favaios 150.
  (cálice); tosta m. 200. 19.30-2h. Fecha 2ª.*
- **Café de São Bento**. *R. de São Bento, 212, tel.
  670911. Cerveja 250., whisky 420.; tosta m. 300., Bife
  à Marrare 1300. 45 lug. 18-2h. Fecha dom.*
- **Cerca Moura**. *Largo das Portas do Sol, 4-loja, tel.
  874859. Esplanada; tostas m., sandwiches de carne
  assada. 12-02h.*
- **Frágil**, *R. da Atalaia, 126, tel. 369578. Cerveja 300.,
  whisky 400., sandwiches, tostas 300. 650 lug. DJ,
  música para dançar. 22.30-3.30h, 6ª e sáb. 20-4h.
  Fecha dom.*
- **Hot-Clube de Portugal**, *Pç. da Alegria, 38/9, tel.
  367369. Entrada 300. (os sócios do Clube não
  pagam); cerveja 150., whisky 350., tosta m. 200.,
  sandwiches; 100 lug. Música ao vivo (Jazz) todos os
  dias. 22-02h. Fecha 2ª.*

BILHARES

LISBOA

Jardim Cinema. Av. Alvares Cabral, 33,
tel.681115.Snooker, 600$00.Bilhar, 300$00.,
Ping—pong, matraquilhos, golf de mesa.
10-24h.
Salão Alcazar. Av. Gomes Pereira, 88-
A, Benfica, tel. 7154489. Bilhar, 300$00 e
350$00,Bilhar de 3 tabelas, 500$00.Snooker,
450$00, Jogo do Pool, 400$00. Matraquilhos. 2ª a 6ª 13-24h. Sáb. e dom. 11.30-
24h.

TEATRO

A Castro

Pelo *Teatro Ibérico*. Enc. José Blanco Gil.
*Com Ana Enes, Ana Saragoça, Teresa Corte-
Real, Avelino Vaz, Francisco Bráz, Victor Santos,
Francisco Soromenho, Carlos Martins e Álvaro Fa-
ria.*
*Teatro Ibérico. R. de Xabregas, 54, tel. 382531. Pr.
500. 21.30h. Dom. 17h. Fecha 2ª.*

Os Recrutas

Pela *Comuna*. Orig. Neil Simon, trad. Teresa Lacer-
da, enc. João Mota, figur. Carlos Paulo.
*Com Alfredo Brissps, Abel Neves, Almeno Gon-
çalves, Carlos paulo, Cucha Carvalheiro, Jorge
Loureiro, Victor Soares, Manuela Couto e Paulo
Ferreira.*
*Teatro da Comuna. Praça de Espanha, tel.
7260818. Pr. 500. estud. e c. jovem 350. 5º, 6º e
sáb. 21.30h. Dom. 17h. Fecha 2ª.*

MÚSICA

Orquestra Gulbenkian

Maestro Alain Lombard.
*Fundação Calouste Gulbenkian. Grande Auditório.
Av. de Berna, 45- A, tel 735131. Pr. 450. a 750.
Estud., menores e c. jovem 225. a 375. 18.30h.*

Ceias

Os Arcos. Até à 1 h.
Belcanto. Até às 2 h.
Clube dos Empresários. Até às 2 h.
Cuidado com o Degrau. Até às 2 h.
Gambrinus. Até às 2 h.
Giuseppe di Verde. Até às 2 h.
Passeio da Avenida. Até às 2 h.
A Viúva. Até às 2 h.
Os Bons Amigos. Até às 4 h.

ESPLANADAS

Botequim do Rei. Parque Eduardo VII, tel. 532074.
650 lug., pr. 700. (snack) e 1500. (rest.), *Bife à
Botequim, borrego à Botequim.* Com esplanada.
Música ao vivo. 09-03h.
Esplanada Trimar. Av. da Liberdade, placa central
frente ao Palladium, tel. 360109. 2ª cl., 360 lug., pr.
1000. *Arroz de marisco e tournedó Rossini.* 8-02h.
Passeio da Avenida. Av. da Liberdade, placa central
em frente Cin. Condes, tel. 323755. 2ª cl., 352 lug.,
pr. 1000. *Espetada de lulas , bife à casa.* 12-15h e
20.30-02h.

CINEMA

Estúdio
Al. D. Afonso Henriques, 35, tel.
555134. Pr. 300. (2º 200.)
Os Acusados
15, 18.15 e 21.30h

Fonte Nova
Estr. de Benfica, 503, tel. 7145088
Pr. 300. (2º 175.)
Sala 1
A Mosca 2
14.30, 16.45, 19 e 21.30h
Sala 2
Atraiçoados
14.45, 17, 19.15 e 21.45h
Sala 3
Aonde É Que Pára a Polícia
14.15, 16.30, 18.45 e 21.15h

TENIS
LISBOA

Centro de Ténis de Monsanto. Tel.
638073. 8 courts. Pr. por pessoa: 160$00
(sócios) e 200$00 (não–sócios). 8.30-
20h.
**CIF - Clube Internacional de Fute-
bol.** Av. dos Bombeiros, tel. 614768.10
courts. Pr. por pessoa: 150$00 (sócios) e
500$00 (não–sócios). 8.30-20h.

Quarteto
R. Flores de Lima, 16, tel. 771378.
Pr. 325. (2º 200.)
Sala 1
O Turista Acidental
14.30, 16.45, 19 e 21.30 (sáb.
23.30h)
Sala 2
A Comissária
14.30, 16.45, 19, 21.30 e (sáb.
23.30h)
Sala 3
A Festa de Babette
15, 17, 19 e 21.30 (sáb. 23.30h)
Sala 4
Histórias de Nova Iorque
14.30, 16.45, 19 e 21.45h (sáb.
23.30h)

Cine Estúdio ACS
Av. da Igreja, 17-F, tel. 887255. Pr.
275. (2º 175.). Cartão jovem: uma
entr. livre por cada bilhete comprado,
excepto 2º.
Cocktail
15.30, 18.30 e 21.30h.

7ª Arte
Av. da República, junto ao nº 68, tel.
730715. Pr. 300. (2º 175.).
Os 3 Fugitivos
15, 17, 19 e 21.45h (2º, 6º e sáb.
23.45h)

Star
Av. Guerra Junqueiro, 14-C, tel.
804210. Pr. 325. (2º 200.)
Meu Demónio, Meu Amor
14, 16.30, 19 e 21.30h

7 Deixe um recado a alguém sugerindo um programa para o fim de semana.
Indique as horas e os locais das actividades...

_____

_____

_____

_____

_____

_____

_____

_____

8 Ao telefone, combine com outro(a) amigo(a), a hora, o local de encontro e o programa para o mesmo fim-de-semana.

Ele(a) gosta de passear a pé, mas não suporta o ténis; de cinema — sim... mas só de filmes cómicos, adora pintura contemporânea — mas teatro... nem pensar.

_____

_____

_____

_____

_____

_____

_____

_____

_____

_____

_____

9 As noites já não são o que eram...

No tempo dos nossos avós os divertimentos eram outra coisa. Tente informar-se e preencha as colunas.

Antigamente	Agora

1

ERA TUDO MUITO DIFERENTE...

Agora vocês têm televisão, no meu tempo nós não tínhamos

Continue:
Vocês podem comprar electrodomésticos, no meu tempo _____
_____
O computador faz parte do dia-a-dia _____
_____
Agora há muitas escolas _____
_____
Tu vais uma vez por semana ao cinema _____
_____
Sais com os amigos quando queres_____
_____
As pessoas não têm tempo para conversar _____
_____
As notícias chegam diariamente de todo o mundo _____
_____
Há muitos acidentes de viação_____
_____
As cidades são grandes demais_____
_____
Quase todas as famílias têm um carro_____
_____
Há muita poluição no ambiente _____
_____
Na rádio só se ouve música estrangeira _____
_____

Enfim, a vida está muito diferente do que_____antes,
mas também já era diferente no tempo dos meus pais.

A CONFUSÃO DO QUARTO

No quarto da Isabel e da Luísa a confusão é geral.
Complete a conversa. Elas tentam arrumar as coisas delas.

— A tua saia está ali. Onde está **a minha**?
— Estes sapatos são meus. Onde estão_____?
— Esses chapéus são do pai. São os chapéus_____.
— As meias da mãe estão aqui.
— Não, essas são_____têm um buraco enorme.
— Olha,_____batas da escola; a minha mais clara, a tua quase cinzenta.

Confusão do quarto... confusão nas frases.

Complete ainda a conversa substituindo as palavras sublinhadas por aquelas que elas realmente disseram:

— Por acaso viste aquele blusão azul claro que eu costumava levar para a montanha?
— Sim, vi o blusão claro, mas não sei quando.
— Sim vi-o, mas não sei quando.

— Onde é que viste o blusão azul claro?
— No chão, mas claro...
— E as botas para a neve?
— Também vi _as tuas botas para a neve_, ali no armário.

_____

— Este lenço é teu ou da tua irmã? É que eu não tenho nenhum...
— É meu, mas não quero _o lenço_. Já substitui _o lenço_ por outro que comprei na feira.

_____

— Não foste tu que compraste o lenço, foi a tua mãe que comprou o lenço.

_____

— Ora... é a mesma coisa...
— E as calças castanhas, ainda queres _as calças castanhas_ ou também ofereces _as calças castanhas_?

_____

_____

— Quase nunca visto _essas calças_, ficam-me curtas e irrito-me sempre que visto _essas calças_.

_____

_____

— Que bom, a mim ficam boas.
— Dou _as calças_ por isso. Sei que te ficam muito bem. São para ti.

_____

_____

— És um amor!

ENCONTRE AS DIFERENÇAS NAS FIGURAS HUMANAS

DESCREVA AS PERSONAGENS

1 O que simbolizam as formas e as cores?
Corrija as legendas.

PERMISSÃO
OBRIGAÇÃO
INFORMAÇÃO

UMA INFORMAÇÃO

FORMA
TRIANGULAR

PERIGO

FORMA
CIRCULAR

PROIBIÇÃO
E OBRIGAÇÃO

FORMA
QUADRANGULAR
RECTANGULAR

O que indicam?

2

ORLA VERMELHA

ORLA OU FUNDO VERMELHO

FUNDO AZUL

FUNDO AZUL

55

3

B L O C O 9

Que indicação nos dá esta luz do semáforo?

- Passagem autorizada
- Passagem proibida
- Transição para o vermelho
- Obrigação de parar

Que indica este sinal?

- Proibição de voltar para a esquerda
- Obrigação de voltar para a esquerda
- Obrigação de contornar a placa de obstáculo
- Rotunda com trânsito giratório

Este sinal informa:

- Obrigação de transitar sempre à velocidade de 60km/h
- Proibição de transitar sempre à velocidade de 60 km/h
- Velocidade recomenda: 60km/h
- Obrigação de não exceder os 60km/h

Como procede perante este sinal?

- Paro à entrada da via para que está orientado
- Não sigo no sentido do tráfego para que está orientado
- Não faço caso, pois só proíbe o trânsito em sentido inverso àquele em que está orientado.
- Sigo com precaução, pois a via não tem saída

Que indica este sinal?

- Fim de limitação de velocidade
- Fim da obrigação de transitar a 30km/h
- Velocidade máxima permitida
- Velocidade mínima obrigatória

Que indica este sinal?

- Via com dois sentidos
- Trabalhos na estrada
- Via onde há estreitamento
- Via sem saída

Este sinal é de:

- Perigo
- Proibição
- Informação
- Obrigação

4

O Senhor Meneses Aguiar teve um sonho horrível:

Sonhou que conduzia o seu tanque pelas ruas da cidade e...

Já sofreu algum acidente. Conte como aconteceu...

_____
_____
_____
_____
_____
_____
_____

5 Faça a participação ao polícia de serviço.
Descreva correctamente os objectos.

Ó Sr. Guarda, hoje quando saí de casa tinha a minha pasta e o meu relógio...

_____
_____
_____
_____
_____
_____
_____
_____

ASSALTARAM A CASA DO SR. GREGÓRIO ATAÍDE

6 CENA I   **Em casa**

Ele não está nada contente com a maneira como as coisas se passaram... A discussão com a mulher foi pouco simpática...

Não fechei a porta à chave... — Mas *devias tê-la fechado*

Não te preveni... — Mas_____

Não ameacei os ladrões... — Mas_____

Não me aconteceu nada... — Mas_____

Não contei tudo à polícia... — Mas_____

Não nos roubaram quase nada... — Mas_____

Não chamei o guarda nocturno... — Mas_____

Não avisei a vizinha... — Mas_____

O Sr. Gregório teve de responder a um interrogatório completo. É que, depois do roubo, ele foi agredido...

— Encontrou **alguma** explicação para este roubo e para a sua agressão?
— Não, _____
— Tem problemas com **alguém** na sua vida profissional ou particular?
— Não, _____
— Fez mal a **alguém**?
— Não, _____
— Recebeu cartas anónimas ou ameaças nos últimos tempos?
— Não, _____
— Tem **alguma** arma de fogo para uso pessoal?
— Não, _____
— Havia **alguma** coisa a preocupá-lo ultimamente?
— Não, _____
— Tinha **algum** objecto pendurado na porta?
— Não, _____

8 VOCÊ VIU O LADRÃO

1 — Descreva-o (à polícia)
2 — Escolha os traços
correctos para o retrato robot.

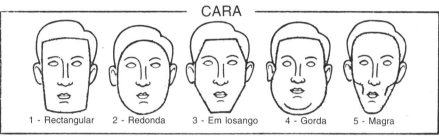

CARA

1 - Rectangular   2 - Redonda   3 - Em losango   4 - Gorda   5 - Magra

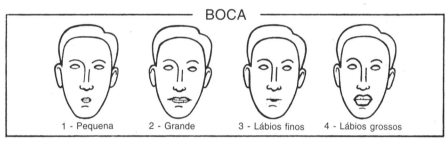

BOCA

1 - Pequena   2 - Grande   3 - Lábios finos   4 - Lábios grossos

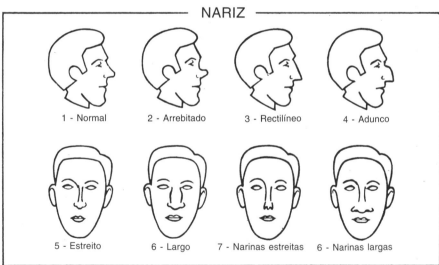

NARIZ

1 - Normal   2 - Arrebitado   3 - Rectilíneo   4 - Adunco

5 - Estreito   6 - Largo   7 - Narinas estreitas   6 - Narinas largas

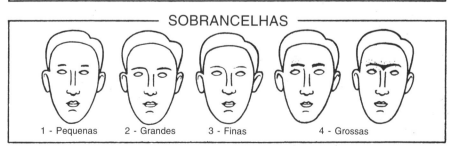

SOBRANCELHAS

1 - Pequenas   2 - Grandes   3 - Finas   4 - Grossas

_____
_____
_____
_____
_____
_____
_____
_____
_____
_____
_____
_____
_____
_____
_____
_____

9 Releia o texto 9.3
Feche o livro e...

      Conte a história sem utilizar o diálogo.

Personagens: | Luís
Paulo

Tempo: | Seis horas da tarde
Espaço: | O Autocarro
Uma cervejaria

Acção: _____
_____
_____
_____
_____
_____
_____
_____
_____
_____
_____
_____
_____
_____
_____
_____

O QUE É QUE ELES DIZEM?

Assinale a frase utilizada

A Mariana quer uma saia lisa e uma blusa clara... mas não há

— Ainda bem que vim a esta loja!
— Finalmente posso escolher à vontade!
— Nunca vi uma saia tão gira, quanto custa?
— Só tem uma saia às bolinhas, que pena!

O Luís não gosta de comprar roupa. O empregado propõe--lhe o casaco de xadrez e ele aceita.

— Não acho uma boa ideia!
— Nem pensar!
— Tanto me faz, eu preciso é dum casaco.
— É preciso ver que eu sou exigente...

A camisa que o João comprou tem um defeito nas mangas e o empregado não a quis trocar. O João promete reclamar...

—Não faz mal, para a próxima presto mais atenção!
—Como é possível uma coisa destas? Vou apresentar queixa!
—...pois concordo, eu é que não vi o defeito!
—Paguei e agora fico com esta. Está bem, é justo!

O Dr. Luís Gouveia vai ao telefone e alguém pergunta por ele.

— Olhe, aqui não há ninguém com esse nome.
— É só um momento, vou chamá-lo.
— É o próprio!
— Com quem deseja falar?

O Rui acha que não é culpado do acidente que ele próprio provocou. Vai chamar a polícia. O outro condutor concorda...

— Vou-me embora.
— O quê, não me diga!
— Olhe, o senhor não tem razão!
— É uma boa ideia, acho óptimo!

1

Engarrafamentos são situações comuns no trânsito das cidades. Estas imagens mostram o que aconteceu ontem à tarde numa rua de Lisboa.

Conte o que aconteceu:

_____

_____

_____

_____

_____

_____

_____

_____

_____

_____

_____

_____

Já alguma vez esteve num engarrafamento particularmente difícil? Recorde o local, a hora, as razões e a sua reacção. Conte como foi.

_____

_____

_____

_____

_____

_____

_____

_____

_____

Conte a história da banda desenhada

Nota:
Os pormenores são importantes e ajudam a praticar a língua.

BLOCO 11

CARNE ASSADA COM MOLHO DE TOMATE

Ingredientes:
1 kg de carne de vaca
1 kg de batatas
1 dl de vinho branco
1 dl de água
70 grs de banha
1 folha de louro
1 ramo de salsa
tomate
alho
açúcar
azeite
sal, pimenta e colorau q.b.

Preparação:

Descasque as batatas e corte-as aos quartos. Coloque-as num tabuleiro, juntamente com a carne previamente limpa, o vinho, a banha, a água, o louro, a salsa, pimenta e colorau. Leve ao forno em lume brando durante aprox. duas horas, regue frequentes vezes com o molho do tabuleiro para não secar.

Prepare o molho de tomate do seguinte modo: triture juntamente, o tomate, (que pode ser natural ou enlatado) alho, sal e açúcar, em proporções iguais, segundo o gosto de cada um. Deixe ferver durante meia hora; à mistura obtida, adicione um pouco de azeite.

Coloque o molho num tacho e cubra com o assado; leve ao lume a refogar durante 5 minutos.

1   FAÇA O LEVANTAMENTO DE:

— ingredientes

     — temperos/aromas

_____

_____

_____

— "verbos" utilizados na preparação da receita

_____

Com a ajuda dos elementos recolhidos e outros, tente apresentar uma receita do seu país.

_____

FAÇA AS CORRESPONDÊNCIAS

2

sal	entrada
amendoins salgadinhos	digestivo
Torta de Cereja	aperitivo
cocktail de camarão	refeição
lanche	sobremesa
aguardente	acompanhamento
salada	tempêro

OVOS À CAPUCHINA

Ingredientes:
8 ovos cozidos
60 grs. de manteiga
pimentos
sal

Preparação:
   Cortar e separar as extremidades dos ovos. Cortar os ovos pela metade no sentido da largura.
   Misturar as gemas e a manteiga até conseguir uma massa fina. Encher as metades dos ovos com a pasta conseguida com a ajuda de um saco de pasteleiro. Colocar as extremidades dos ovos por cima do recheio de maneira que fique a sobressair. Enfeitar em volta das extremidades com bocadinhos de pimento.

3   Complete:

Corte e . . . .

_____
_____
_____
_____
_____
_____
_____
_____
_____
_____
_____
_____
_____
_____
_____
_____
_____
_____

Corta-se e . . . .

_____
_____
_____
_____
_____
_____
_____
_____
_____
_____
_____
_____
_____
_____
_____
_____
_____
_____

Torna-Viagem
Um moscatel para a História

Os "clipers", esses grandes e majestosos veleiros que no século passado cruzavam os sete mares, constituíam o meio de transporte ideal sobre o qual assentava o comércio internacional tanto de bens essenciais como de produtos de luxo. Nesse tempo as viagens eram inseguras. O sucesso na transacção da carga transportada dependia tanto das condições mais ou menos favoráveis da navegação como da aceitação das mercadorias nos portos de chegada.

Foi desta maneira que José Maria da Fonseca, já instalado em Azeitão a partir de 1834, começou a exportar os seus vinhos e a conquistar novos mercados. Tais vinhos eram submetidos a longas viagens, a diversos climas e a significativas variações de temperatura: atravessavam o equador em direcção à Ásia, América e África do Sul, e alguns deles, não encontrando comprador, regressavam a Portugal com uma segunda travessia dos trópicos e do equador. Em todas estas andanças os vinhos melhoravam e refinavam a sua qualidade pelas alterações de temperatura — envelheciam e ganhavam em carácter. Alguns deles mudaram mesmo de nome e passaram a ser conhecidos por **vinhos de torna-viagem**, tornando-se objecto de raridade e grande procura.

José Maria da Fonseca Sucrs. ainda tem uma limitada existência destes vinhos na sua adega em Azeitão, que ano após ano dão origem a umas quantas e preciosas garrafas colocadas à disposição de apreciadores. Para idade tão respeitável prepare-se para desembolsar qualquer coisa como 8500$00 por 50cl de vinho do século passado em condições excelentes para ser bebido, apreciado e comentado.

O Jornal, 6/12/85

O QUE FICOU A SABER DO MOSCATEL DE SETÚBAL?...

(verdadeiro ou falso)

O Moscatel era transportado em barcos a vapor especiais. ☐
As viagens eram difíceis. ☐
O vinho transportado chamava-se Torna-Viagem. ☐
Já é impossível encontrar deste vinho em Portugal. ☐
J.M. da Fonseca foi um produtor e exportador de vinho. ☐
Responda:
Muitas vezes os veleiros voltavam com o vinho com que tinham partido.
Porquê?

_____
_____
_____
_____

O que é que alterava a qualidade do Moscatel Torna-Viagem?

_____
_____
_____
_____

Que vantagens tem este vinho sobre todo o outro produzido na mesma época?

_____
_____
_____
_____

Hoje um Torna-Viagem é um produto de luxo?

_____
_____
_____
_____

O que distingue um produto de luxo dum bem essencial?

_____
_____
_____
_____

5 *Repare na seguinte lista de produtos:*

1 máquina de lavar loiça
1 automóvel
1 aparelho de televisão
1 pijama de verão
1 mesa de jogo no canto da sala
Uma aparelhagem stereo
Uma bicicleta desportiva
Um vídeo

Organize esta lista em duas:

Bens essenciais	Produtos de luxo

Para cada produto refira três argumentos que justifiquem a sua escolha:

Discuta a sua classificação, bem como os argumentos com os colegas.

O QUE TODAS AS PESSOAS SABEM SOBRE ALIMENTAÇÃO...

É importante...

— Ter prazer naquilo que se come.
— Não comer demasiado e poucas vezes ao dia .
— Não ingerir os alimentos sem os mastigar calmamente.
— Reduzir o consumo de gorduras animais.
— Escolher alimentos frescos e/ou bem congelados.
— Não ultrapassar consumos médios de álcool.
— Seguir a mesma regra quanto ao açúcar.
— Evitar os molhos, fritos, etc.
— Não fazer dietas violentas nem excessivas
— Não tornar o emagrecimento numa obcessão.

Dê os mesmos conselhos a:

Um amigo seu	Uma pessoa desconhecida que lhe pediu ajuda	Todos os elementos da sua turma

73

7   **CONSELHOS FÁCEIS...**

Ele estava a aprender a cozinhar, por isso preparava muitas refeições.
É preparando muitas refeições que se aprende a cozinhar.

1 — Ele não sabia a receita, então consultou um livro de cozinha.

_____

_____

2 — A comida não estava quente, ele levou-a ao lume.

_____

_____

3 — Para fazer claras em castelo, batem-se os ovos.

_____

_____

4 — Para decorar um prato é preciso escolher bem as cores.

_____

_____

5 — A festa foi um êxito, mas eles prepararam-na com cuidado.

_____

_____

6 — Para aprender uma língua é preciso praticar muito...

_____

_____

8   **COMPLETE COM OS VERBOS *SER, ESTAR* OU *FICAR* NOS TEMPOS
E FORMAS ADEQUADOS**

Ontem fomos almoçar a um restaurante que _____ à beira-mar.
Queríamos comer peixe fresco. _____ com pressa porque já
_____ tarde e ainda queríamos ir dar uma volta a Sesimbra que
_____ a cerca de 40 quilómetros. O restaurante _____ cheio e
tivémos que nos sentar na última mesa que _____ mesmo ao pé da cozinha.
A ementa _____ pequena porque o "sr. Peixe" _____ daqueles

restaurantes familiares que não se preocupa tanto com a variedade como com a qualidade. Por isso _____ fácil escolher...

O empregado disse-nos que se _____ com pressa, _____ melhor escolhermos pargo cozido porque o cherne demorava um pouco.

O desejo de comermos cherne _____ superior à pressa com que _____ e decidimos esperar mais uns minutos.

Só que _____ muitos, muitos minutos e, quando finalmente _____ servidos, já _____ quase quatro da tarde. O peixe _____ excelente, por isso ninguém protestou, mas o empregado deu uma explicação — "estivemos à espera dos barcos do portinho que _____ do outro lado da praça. Nós sabíamos que vinha muito peixe fresco..."

9 **A MESMA HISTÓRIA CONTADA DE OUTRA MANEIRA, EM CASA, A UM AMIGO**

Complete com os verbos *ir, vir, levar, trazer*.

— Eh pá, ontem _____ à pesca.

— Não acredito, tu nem sabes pescar.

— Claro que sim, almoçámos e até _____ peixe para casa.

— Foste sozinho?

— Não, _____ a minha mulher foi comigo e até foi ela que _____ o peixe para casa...

— Cada vez acredito menos.

— Podes acreditar, _____ a um restaurante ao pé do portinho e pedimos um cherne.

— Então não pescaste!...

— Não, mas foi o mesmo, tivemos que esperar duas horas até nos _____ a comida porque, enquanto esperávamos, o empregado _____ ao porto e _____ com o peixe fresquíssimo.

— Ah, foram duas horas de "pesca" no restaurante...

— Exactamente. E como pedimos ao empregado, ele _____-nos ao porto e apresentou-nos os pescadores. Assim comprámos mais e _____ para casa.

— Que grande pescaria!... Assim também eu!!!

10 SABORES DO MÊS

Restaurantes	Especialidades	Preço médio	Lotação	Folga	Morada
Bate Papo	Pato com laranja Arroz de marisco Coelho à caçador Bacalhau com todos	2.000$00	20	5.ª feira	R. das Taipas, 28
Vintém	Cabrito com arroz de miúdos Carapauzinhos fritos com açorda Bacalhau à Brás Cabidela de galinha	1.500$00	68	4.ª feira	Pr. das Rosas, 3B
Retiro da Praia	Arroz de marisco Sapateira recheada Salmonetes grelhados Bife de atum	2.500$00	34	2.ª feira	Praia dos Pescadores, 1
Mário Alturas	Churrascos Peixes e carnes grelhados no carvão	1.100$00	80	Domingo	Largo do Cruzeiro, 33

Você faz anos na próxima 5.ª feira e decidiu organizar um jantar para se encontrar com os seus amigos.

1 — Escreva algumas linhas sobre as características que deve ter o restaurante para agradar a muitas pessoas de gostos diferentes e escolha o restaurante que melhor se adaptar a esse perfil:

— tem que ser um restaurante agradável
— com espaço para todos
— com boa comida para agradar aos que gostam de carne e aos que preferem peixe.

2 — Tem que escrever um convite onde explica aos seus amigos:

— o que quer fazer e qual a razão
— quando (dia e hora)
— onde (local)
— quais os pratos possíveis
— quem paga o quê.

_____
_____
_____
_____
_____
_____
_____
_____

1 Leia o seguinte texto de forma a captar o seu **sentido global**

O "stress"

O que é o "stress"?

Pode-se definir o "stress" como a reacção de cada um às pressões que encontra na vida quotidiana.

Como Lidar com o "stress"

A Silhueta do "Stress" deve utilizar-se como um guia. As indicações que damos a seguir estão agrupadas segundo as secções ao questionário utilizado na Clínica de Stress de um Hospital dos arredores de Londres — mas podem ajudar noutras áreas da vida, incluindo as que não são tratadas aqui: envelhecimento, problemas específicos da mulher e problemas sexuais.
E não aumente o "stress" já existente por querer mudar tudo de repente!

Hábitos sociais

Álcool. O álcool em pequenas quantidades pode realmente ajudar a descontrair. Mas álcool a mais durante muito tempo pode prejudicar o coração, o fígado e o sistema nervoso. Como as reacções individuais são muito diferentes, não há qualquer regra que possa indicar exactamente o grau de risco. Geralmente pensa-se que não é de recear que a saúde seja prejudicada a longo prazo se respeitarem os limites máximos semanais.
É melhor, no entanto, repartir o consumo por toda uma semana do que beber tudo numa ou duas vezes e deve-se evitar beber fora das refeições.

Fumo. Muitos fumadores pensam que um cigarro pode ajudar a descontrair. Os danos para a saúde, no entanto, são muito superiores a qualquer benefício dessa espécie. O fumo não só afecta os pulmões como aumenta o risco das doenças coronárias, da bronquite crónica, do enfisema pulmonar e do cancro (especialmente do cancro do pulmão). E, de um modo geral, a saúde dos fumadores tende a ser pior do que a dos não fumadores.

Cafeína. É aconselhável tentar reduzir a quantidade de cafeína que se forma, principalmente se se tiverem problemas de sono ou palpitações. A cafeína estimula o sistema nervoso e os músculos cardíacos.
São as seguintes as quantidades médias de cafeína:

- **café instantâneo:** 90 mg por chávena;
- **café de filtro:** 200 mg por chávena;
- **chá:** 40/70 mg por chávena, aumentando com o tempo que se deixa o chá abrir;
- **bebidas de cola:** 40 mg por lata;
- **chocolate:** 30/100 mg por tablete de 150 g (30 mg no chocolate de leite e 100 mg no sem leite)

Pode-se tentar tomar café sem cafeína, tisanas ou bebidas com leite.

Pressões sociais

Procure identificar as áreas de tensão no dia-a-dia e tente reduzi--las. Outro caminho será o tentar conviver, ampliar ou aprofundar amizades e alterar o que se consideram as prioridades da vida. Conversar a respeito dos problemas, pode ser uma maneira de aliviar preocupações, porque ajuda a vê-los mais objectivamente e também a partilhá-los.

As férias. Faça por sair de casa, mesmo só durante um fim-de-semana. Terá mais oportunidade de ver os problemas sob um aspecto diferente, e também de pensar noutra coisa.

Os passatempos. Podem ser uma boa maneira de encontrar outras pessoas e de se descontrair e divertir. Os animais domésticos também podem ser uma grande companhia, especialmente para quem vive sozinho.

SER Escutado ou ACONSELHADO
É bom procurar outras ajudas além da dos amigos ou da família, como, por exemplo, um padre para quem tem convicções religiosas. Um médico de clínica geral pode verificar se não existem problemas de ordem física.

Problemas profissionais. Se o trabalho for particularmente causador de "stress", há algumas coisas que se podem melhorar — a iluminação, baixar os níveis de ruído, reduzir a confusão, por exemplo. Algumas empresas procuram ajudar os empregados a evitar o "stress" no ambiente de trabalho.

Acontecimentos da vida quotidiana

Normalmente não se podem evitar os acontecimentos causadores de "stres", mas pode-se procurar que alguns não aconteçam ao mesmo tempo — por exemplo, ter um bébé e mudar de casa simultaneamente.

Agressividade. É uma resposta normal para os acontecimentos que não se podem controlar. Uma boa válvula de escape será manifestar essa agressividade em vez de a reprimir. Cada um deve procurar saber e fazer o que o pode ajudar a descontrair e a controlar a agressividade. Por exemplo, andar depressa, fazer "jogging", jardinagem, esfregar ou limpar qualquer coisa ou até mesmo gritar!. Reprimir a agressividade pode aumentar ainda mais o "stress".

Ansiedade e depressão

Quando os sintomas são graves, os medicamentos ou os tratamentos receitados pelo médico podem ser úteis de imediato, principalmente quando há problemas com o sono. Mas os medicamentos actuam apenas nos sintomas e não nas causas dos problemas, e apesar de actualmente não causarem dependência física como acontecia dantes, existe sempre o risco da dependência psicológica.

Sono. Quando se tem problemas com o sono, é bom tentar reduzir o consumo de cafeína, o álcool e o tabaco. Não se deve tomar refeições pesadas à noite, mas também não se deve ir para a cama com fome. Um leito confortável e uma temperatura agradável no quarto também ajudam. O exercício diário pode ajudar, porque já se está fisicamente cansado quando se vai para a cama. Principalmente não se preocupe por não dormir, pois isso pode tornar-se um problema ainda maior do que a falta de sono.

Proteste n.º 55

Agora leia a carta do Sr. Orlando Ribeiro

(Carta recebida na redacção dum jornal da especialidade. Secção «Correio dos Leitores»)

Ex.mo Sr. Director

Escrevo-lhe porque ultimamente não me tenho sentido muito bem e não encontro razões objectivas para o meu estado físico e psíquico. Sei que durmo muito pouco, sinto-me impaciente com todos, especialmente com a família e no trabalho.

Nunca fui ao médico porque não sofro de qualquer doença grave. Bem sei que trabalho muito, mas é preciso pagar a casa e os estudos dos filhos... Às vezes trabalho mais do que dez horas e, acredite que não tenho nenhum prazer nisso... Férias, muito poucas, talvez uns quinze dias nos últimos cinco anos. Como me resta pouco tempo, reservo-o para passar com os meus filhos que estão numa idade muito difícil e cada dia traz um novo problema a resolver...

Claro que a minha alimentação é fora de horas; às vezes almoço às três da tarde e janto às dez da noite. Depois deito-me, mas na manhã seguinte preciso de um café duplo para retomar a actividade (gosto de café — é quase o meu vício, embora nos meus encontros de negócios também beba o meu uísquesinho. Durmo (quando não tenho insónias) cerca de seis horas por noite, fumo um maço de tabaco por dia, às vezes um pouco mais...

Dizem-me que devia praticar desporto, mas nunca fui muito dotado, e como já estou cansado, limito-me a vê-lo na televisão aos fins-de-semana. Ah! Tenho um vício — quando estou à secretária vou comendo um chocolatinho, o que me motiva mais para o trabalho que é realmente desinteressante...

Nos fins-de-semana visitamos casais amigos que não estão muito melhores do que nós e as nossas conversas são cada vez mais repetitivas, até porque há sempre algum de nós que está adoentado — a idade não perdoa...

Contudo, acho que a minha vida não é diferente da maioria das outras pessoas, portanto, sendo uma pessoa saudável, não encontro explicação para este cansaço e nervosismo dos últimos tempos.

Senhor director, gostaria de ter a sua opinião: isto que eu sinto, são de facto efeitos do stress?

Antecipadamente grato,
Orlando Ribeiro

Diga o que tem feito o Sr. Orlando Ribeiro nos últimos anos que tem contribuído para o seu estado presente.

_____
_____
_____
_____
_____
_____
_____
_____
_____
_____
_____
_____
_____
_____
_____
_____

2 Responda você mesmo à carta do Sr. Orlando Ribeiro, dando-lhe os conselhos que achar mais convenientes.

_____
_____
_____
_____
_____
_____
_____
_____
_____
_____
_____
_____
_____
_____
_____
_____
_____
_____
_____
_____
_____
_____

B Reacção do organismo a um perigo iminente

Exemplo: *Uma criança corre para diante de um carro em movimento.*

- *Os olhos e os ouvidos recebem* o sinal de alarme.
- *O cérebro regista* que a criança está em perigo e envia mensagens de aviso através dos nervos.
- *Os músculos contraem-se*, prontos para a acção.
- *As pulsações cardíacas aumentam* de intensidade para que o sangue seja bombeado mais rapidamente para os músculos, onde é mais necessário.
- Os produtos químicos do cérebro desencadeiam uma série de modificações hormonais no organismo. *O sangue transporta* essas secreções para os seus destinos, reforçando as modificações físicas já então ocorridas. Entre as principais hormonas do «stress» estão a adrenalina e a noradrenalina.
- A audição torna-se mais sensível.
- A pele empalidece, porque o sangue acorre onde faz mais falta.
- *Os brônquios dilatam-se*, deixando entrar mais ar.
- A respiração torna-se mais rápida, para fornecer mais oxigénio.
- A pressão arterial aumenta, para que o oxigénio chegue mais rapidamente aos músculos, ao coração e ao cérebro.
- A glicose é lançada no sangue, para fornecer energia para o coração e para os outros músculos.
- *A digestão abranda* ou cessa completamente, podendo assim o sangue ser levado para o coração e para os outros músculos.
- A transpiração aumenta ajudando a baixar a temperatura do corpo, que as restantes acções tendem a fazer subir.
- Os mecanismos de coagulação sanguínea aumentam para ocorrer em caso de possíveis feridas.
- Pode-se ter sensações de desmaio, porque a ansiedade ou o medo podem fazer acelerar a respiração (hiperventilação), fazendo baixar a pressão sanguínea no cérebro.

Proteste n.º 55

BLOCO 12

80

3 Após a leitura do texto B, indique as operações efectuadas pelos vários elementos do corpo humano:

Olhos/Ouvidos	—	a recepção
Cérebro	—	
Músculos	—	
Coração	—	
Sangue	—	
Ouvidos	—	
Brônquios	—	

Diário de um jovem à conquista do coração...

Sou jovem, saudável, tenho emprego e estudo à noite. Para conseguir **conciliar** tudo o que quero e gosto de fazer — descansar, exercício físico, trabalhar, estudar e divertir-me — preciso de ser extremamente organizado. Mas não me importo, o que não quero é **prescindir** de algumas daquelas coisas. E hei-de fazer tudo **o que estiver na minha mão** para manter o coração, os pulmões, os músculos... e a cabeça em boa forma, durante o maior número de anos possível.

E sei muito bem o que não quero: chegar à idade dos meus "velhotes" como eles, sempre a correrem para o médico, sempre com queixas, sempre muito cansados e rodeados por uma bateria de remédios! Também não admira, com a vida que eles levam, com tanto trabalho, tantas preocupações e tantos "nervos". O meu pai habituou-se a beber muito, diz ele que o álcool lhe dá forças para o trabalho, e anda sempre com um cigarro na boca. Já esteve internado e o médico avisou-o de que, ou ele muda de maneira de viver, ou o coração prega-lhe uma partida um dia destes.

O meu irmão não vai por melhor caminho, ele que quando era novo chegou a ser campeão da modalidade que praticava. Hoje tem um bom emprego, mas **anda sempre numa correria**. Está gordo e, como fuma muito, não tem fôlego para correr 50 metros ou para um jogo de futebol na praia...

Eu sou, e quero ser, diferente e penso que posso ter um estilo de vida mais saudável. Levanto-me cedo e tenho aulas à noite, mas faço sempre o possível por dormir oito horas por dia. Enervei-me muito quando andava à procura do primeiro emprego, mas arrependi-me, porque **não foi por eu me ter arreliado que ele apareceu**... Agora faço sempre um esforço para não me enervar, porque afinal os "nervos" não resolvem nada. O desporto ajuda-me bastante: além de me manter sempre em boa forma e calmo, exige-me repouso e hábitos saudáveis. Não fumo, raramente tomo bebidas alcoólicas, e faço uma alimentação variada, mas muito simples.

Afinal, se eu estou na idade de "conquistar corações", porque não hei-de começar por conquistar o meu próprio coração?...

Direcção-Geral de Serviços de Educação Sanitária

4 O TEXTO É...

assinado pela Direcção-Geral de Serviços de Educação Sanitária.

da Saúde	—	sanitária
do Desporto	—	
da Música	—	
dos Direitos e deveres do cidadão	—	
da Religião	—	
da Moral	—	
do Trabalho	—	

5 Ele é um jovem com saúde ...saudável

...com emprego   —
...que se levanta cedo   —
...com ideias próprias   —
...que tem pressa   —
...com imaginação   —
...que gosta de conviver   —
...e de saber mais   —
...que serve de "exemplo"   —
...que gosta de conquistar
corações   —

6 O NOSSO JOVEM... arreliou-se muito para arranjar emprego... mas. "não foi por se ter arreliado que ele apareceu"

Tente transformar as frases propostas de acordo com a anterior.

1 — Os "velhotes" tomam muitos medicamentos, apesar disso não ficam melhores.

*Não é por*_____

_____

2 — O irmão do Jovem foi campeão, agora não vai pelo melhor caminho.

*Não é por*_____

_____

3 — O pai do Jovem bebe muito álcool, contudo não tem forças para o trabalho.

*Não é por*_____

_____

4 — O Jovem está na idade de "conquistar corações", apesar disso não conquista muitos...

*Não é por*_____

_____

5 — A Dir.-Ger. de Serv. de Ed. Sanitária está empenhada na melhoria da saúde, mas muitos jovens fazem ainda uma vida pouco saudável.

*Apesar de*_____

_____

Releia o texto, agora ainda com mais atenção.
Trata-se de um texto publicitário. Concorda?

_____
_____
_____
_____
_____

Acha-o eficaz? Explique porquê.

_____
_____
_____
_____
_____
_____

Faça um curto comentário a:
— Título

_____
_____
_____
_____
_____

— O último parágrafo

_____
_____
_____
_____
_____

O tema é a saúde. O público visado é jovem.
Redija 3 (três) frases publicitárias que poderiam fazer parte da mesma campanha. Procure ser conciso e directo.

_____
_____
_____
_____
_____

O RUÍDO

O som é, para o homem, um importante elemento do seu sistema de _____ . Paralelamente, a ausência de som, o silêncio, é um factor_____ do seu equilíbrio físico e_____.
A fala e a música constituem exemplos de sistemas de comunicação_____ que utilizam o som como seu elemento base. Por outro lado, em ambientes ruidosos, o sono não é profundo e _____tarefas que exigem grande concentração, dificilmente se_____ .
Quando o equilíbrio do ambiente sonoro se rompe surge o ruído! Ruído que o_____de conversar, por exemplo... mas que pode ser você a gritar! Ruído que pode ser o rádio do seu vizinho... mas, também do seu _____ rádio! Ruído da motorizada que passa lá fora... mas que pode ser também da buzina do seu automóvel. Ruído da discoteca do prédio do lado... mas que pode ser também o ruído do seu televisor!.

Lutar contra tudo isto, lutar contra o ruído, é, antes de tudo, uma questão de_____ , em que todos somos responsáveis, você e nós!

No nosso país, os _____ mais frequentes de_____ sobre problemas de ruído dizem respeito a motorizadas, a estabelecimentos mal localizados ou_____ acusticamente (discotecas, restaurantes, instalações sonoras em lugares públicos) e a equipamentos de edifícios, mal colocados (motores de frigoríficos, elevadores, aparelhagem de ar condicionado).

Alguns destes casos necessitam de um acompanhamento especial._____ de problemas complexos que exigem do Estado uma actuação mais alargada._____, na maioria das vezes, existem _____necessários, legais e técnicos, para lhes dar solução.

Se tem problemas de ruído contacte:
•O Governo Civil do seu distrito, se se trata de um estabelecimento especial.
•A Delegação Regional do M.I. da sua área, ou a Câmara Municipal do seu concelho no caso das indústrias.
•A Câmara Municipal do seu concelho, no caso de equipamentos mal instalados.
•A Inspecção Geral de Trabalho, em tudo o que se refira a ruído laboral.
•A direcção-Geral da Qualidade do ambiente para todas as dúvidas e esclarecimentos que necessitar sobre esta matéria.
•S.O.S. — AMBIENTE
Telefone: 36 25 55 (Lisboa)
PARTICIPE!

Viva Voz, n.º 71

Leia rapidamente este texto informativo sobre os problemas do ruído de forma a ter uma ideia geral do seu significado.

1 — Complete com as seguintes palavras:

motivos	
condicionados	próprio
trata-se	executam
comunicações	impede
bom-senso	humana
queixa	mecanismos
determinadas	contudo
mental	essencial

2 — Explique...

a) O que é o ruído?

_____
_____
_____
_____
_____

b) Quais são as principais causas do ruído em Portugal?

_____
_____
_____
_____
_____

c) Que entidades oficiais podem ajudar a resolver um problema relacionado com o ruído?

_____
_____
_____
_____
_____

d) Como se distingue o ruído do som?

_____
_____
_____
_____
_____

e) Em que medida pode ser um problema pessoal ou colectivo?

_____
_____
_____
_____
_____

8 — Use **Tão** ou **Tanto**

a) Não grites _____!
b) Não fales _____ alto!
c) _____ o meu vizinho como eu gostamos de ouvir música alto.
d) Não faças _____ barulho!
e) O som é _____ importante como o silêncio.
f) Não, faça barulho, é _____ importante para a sua saúde mental!...

9 Um grupo de cidadãos de uma zona industrial de Lisboa tem problemas relacionados com o ruído.

As causas:
   Instalaram um complexo metalúrgico perto das casas.
   Recentemente aumentaram o potencial da fábrica e o horário de laboração.
   A poluição aumentou, mas o pior é que, até às três da manhã ouve-se sempre o barulho das máquinas.
   Entram e saem camiões carregados até altas horas da manhã.

Esforços já feitos:
   Contactaram a direcção da fábrica — sem resultados.
   Marcaram uma audiência com o presidente do conselho de administração — não foram recebidos.
   Organizaram um abaixo-assinado — sem resultados.
   Contactaram a comissão sindical — só promessas.
   Preveniram a polícia — não interveio.

   Escreva uma carta em nome dos moradores da referida zona à entidade competente relatando os factos e os esforços já feitos e pedindo uma intervenção.

_____
_____
_____
_____
_____
_____
_____
_____
_____
_____
_____
_____
_____
_____
_____
_____
_____
_____

   Redija também uma convocatória aos moradores da área para uma manifestação de protesto junto das instalações da fábrica.

_____
_____
_____
_____
_____
_____
_____
_____
_____

O desporto e o Inverno

Associamos normalmente o desporto à actividade ao ar livre. Portugal, apesar do seu clima ameno, tem também o seu inverno de chuva e frio. A prática do desporto é salutar se for feita de forma regular e continuada. Não é bom para a saúde o esforço exagerado em épocas concentradas e depois de um período de 2 ou 3 meses de inactividade.

Que fazer então para manter a forma física e praticar o desporto no Inverno? Antes de mais, e devido às condições adversas, deve haver uma forte vontade em praticar o desporto. Porque é mais difícil arranjar companheiros para os jogos desportivos, a preparação física deverá ser mantida em pequenos grupos ou até a sós.

Em Portugal a situação é talvez mais grave que nos outros países europeus porque os recintos desportivos cobertos rareiam e quando existem estão normalmente ocupados com jogos de chamada alta competição.

Quando as condições climatéricas não permitem as actividades ao ar livre, devem ser feitos exercícios de ginástica variados em casa de tal forma que todos os membros do corpo sejam ginasticados. Quando o tempo o permitir deverão ser feitos os exercícios de corrida ou marcha que permitam manter a forma física.

Um outro desporto que se pratica de Inverno é a caça que, apesar de exigir um equipamento específico obriga a grandes caminhadas com grandes benefícios para o equilíbrio do corpo. Devem também aproveitar-se a existência dos circuitos de manutenção já existentes em muitas terras portuguesas e que são concebidos de forma racional e muito útil. Nas zonas costeiras são também salutares as grandes caminhadas pelas praias ou pequenas corridas entremeadas co alguns execícios comuns, mas que obriguem à movimentação das partes do corpo de forma harmoniosa. Muitas sujestões poderiam ser avançadas, mas mais importante é salientar que a prática do Desporto não deve parar durante o período do Inverno, para quando chegar a altura em que mais apetece a actividade física o nosso corpo esteja preparado e adequado ao esforço que se despende em maior quantidade.

Vamos, pois, com coragem e entusiasmo, praticar desporto no Inverno.

in Viva voz, n.º 71

Viana do Castelo, 13 de Dezembro de 1988

Querido João,

Chegou o Inverno e estou cheio de inveja de vocês.

Bem sei que vocês também têm que trabalhar, mas podem continuar a fazer uma vida desportiva aí em Lisboa onde chove menos e há mais condições para ocupar os tempos livres.

Aqui, com a chuva, fechamo-nos em casa, ligamos a televisão e a noite passa-se assim. Às vezes recordamos os bons tempos deste verão — lembras-te? — vim em forma e cheio de vontade de trabalhar.

A forma foi-se e, como petiscamos frequentemente para disfarçar o tédio, a roupa já não me serve... canso-me muito mais depressa... a Joana diz que ando impossível (e é verdade!) — nem tenho paciência para os miúdos. Já combinei com ela recomeçar alguma actividade desportiva, mas como tu sabes, aqui no Inverno não há condições. Às vezes ponho-me a imaginar com é que as pessoas fazem por essa Europa fora com um clima ainda pior do que nós temos aqui.

Pronto, já desabafei

Dá um beijo à Rita por mim e cumprimentos ao pessoal amigo.

Sérgio

1 Você não é o João, mas com a ajuda do Texto A está em condições de redigir uma carta em que certamente vai dar conselhos muito úteis ao Sérgio e à Joana.

_____
_____
_____
_____
_____
_____
_____
_____
_____
_____
_____
_____
_____
_____
_____
_____

ROSA MOTA (1,50 DE ALTURA) GANHOU A MAIS FAMOSA CORRIDA DO BRASIL

ESCREVEU HENRIQUE PARREIRÃO

Desde que Manuel Faria, há 24 anos, ganhou duas vezes seguidas a famosa corrida de S. Silvestre do Brasil, jamais o atletismo português deixou de estar presente naquela grande prova.

Uma jovem rapariga de nome Rosa Mota, nascida há 23 anos no Porto, fraca figura, metro e meio de altura, numa demonstração de que, tal como os homens, também as mulheres não se medem aos palmos, abalou pelas ruas de São Paulo, apinhadas de gente, firme e decidida, à frente de todas as americanas, alemãs, irlandesas e brasileiras, não mais perdeu o comando, ganhando, assim, a corrida de S. Silvestre na categoria reservada às senhoras.

CF — **Com que idade começou a praticar atletismo?**

RM — Tinha apenas 14 anos quando comecei a correr no FC Foz de que guardo as mais gratas recordações, entre as quais a de me ter sido atribuído o mais alto galardão concedido pelos estatutos daquele clube, a Medalha de Ouro ao Mérito.

CF — **Como foi isso da sua vitória na corrida de S. Silvestre no Brasil?**

RM — Bem, eu só tinha como ponto de referência que o troço mais difícil era a subida da Consolação até à entrada da Avenida Paulista. Foi ali que o Carlos Lopes e o Mamede fracassaram. Por isso, embora tivesse atacado logo de entrada, procurei poupar-me no início da prova. Nós, as mulheres, partimos 50 metros, à frente dos homens. E como eles têm, como é óbvio, melhor andamento, às duas por três ultrapassam-nos. Mas isso não me perturbou. Deixei-os passar à vontade. Só elas é que me preocupavam. De vez em quando olhava para trás e só via homens. De mulheres nem cheiro... Ao chegar à subida da Consolação vi que estava com força e aí joguei tudo por tudo. Acabei à vontade com uns 200 metros de avanço sobre a americana Kathy Schilly e só depois é que entraram a alemã Heide Hutterer, mais duas alemãs, uma irlandesa e em 7.º lugar a brasileira Eleonora Mendonça, que à partida era apontada como uma das grandes favoritas.

CF — **Mas não foi só a S. Silvestre que você ganhou?**

RM — Pois não. No dia seguinte, também ganhei a prova de pista. E, como sempre ouvi dizer que é na pista que os atletas mostram a sua classe... fiquei muito contente por confirmar nela o que já tinha feito na estrada.

CF — **O que é que faz além de correr?**

RM — Estudo. Frequento presentemente o 11.º ano liceal.

CF — **Quando terminar os estudos, o que quer ser na vida?**

RM — Adorava ser professora de Educação Física.

CF — **Qual a importância da prática desportiva na vida da mulher?**

RM — Falo só por mim. No meu caso tem uma importância vital. Os meus pais sempre nos apoiaram, e incitaram a mim e à minha irmã, na prática do desporto, mas eu ainda sinto que o atletismo é uma outra forma de estar na vida. O desporto, em suma, pode contribuir fortemente para a emancipação da mulher.

CF — **E a propósito... acha que as mulheres e os homens, no nosso País, têm os mesmos direitos?**

RM — Melhorou-se muito... mas ainda não se pode dizer que os direitos das mulheres são iguais aos dos homens. Está nas mãos destes a possibilidade de darem uma "chance" às mulheres para haver uma maior igualdade. Mas que existe uma diferença, existe. Até no desporto. Quando há "meetings" internacionais, quase sempre são chamados os atletas masculinos, enquanto que para os femininos é mais difícil estar presente.

2   Leia o texto e, de acordo com as informações contidas, continue as frases:

1 — Há 24 anos, muito antes de Rosa Mota ganhar a S. Silvestre, já Manuel Faria _____

_____

_____

2 — Rosa não se lembra das duas primeiras victórias de Faria, porque quando nasceu, o português já _____

_____

_____

3 — Rosa estava informada do difícil troço da Consolação porque já antes Lopes e Mamede _____

_____

_____

4 — Era uma tradição na S. Silvestre; quando os homens partiram, já as senhoras _____

_____

_____

5 — Quando no dia seguinte decorreu a prova de pista, Rosa Mota estava cansada, o que era normal, pois na véspera _____

_____

_____

6 — Quando concedeu esta entrevista ela já estava habituada a receber medalhas e elogios, mas antes, quando corria no F.C. Foz, _____

_____

_____

As opiniões de Rosa Mota

3 O que é que Rosa Mota disse sobre a importância da prática desportiva na vida da mulher?

Ela disse que _____

_____

_____

_____

_____

_____

E sobre os direito das mulheres e dos homens em Portugal?
Já agora, transcreva também a resposta começando da mesma forma:

A atleta disse que_____
_____
_____
_____
_____
_____
_____
_____
_____
_____
_____
_____
_____

Na terceira resposta da atleta, esta mostra-se orgulhosa por ter ganho duas provas seguidas...
Transcreva as palavras da Rosa. Pode começar por:

Ela disse que no dia seguinte_____
_____
_____
_____
_____
_____
_____
_____
_____
_____
_____
_____

O ATLETISMO PORTUGUÊS BRILHA EM ESPANHA

Mais de 250 atletas estiveram na linha de saída para cobrir os dez mil metros de um percurso de piso duro e seco, sem grandes subidas e, portanto, bastante rápido. Depois do espanhol Alexandre Gomez ter saído bastante forte, juntamente com o norueguês Borghe, imediatamente os irmãos Castro passaram para a frente. O norueguês procurou ainda acompanhar, mas aguentou pouco e depois foi o espanhol José Luiz Gonzalez que saiu do pelotão para tentar juntar-se aos portugueses.

Entretanto, o espanhol Serrano juntava-se a Gonzalez e os dois, num bom trabalho de colaboração, lançaram-se em perseguição dos dois gémeos que, entretanto, tinham conseguido um apreciável avanço.

Os dois primeiros quilómetros foram percorridos em 6.05 e aos três mil Gonzalez e Serrano conseguiram o seu objectivo, alcançando os irmãos Castro, formando-se então um quarteto onde Domingos e Dionísio conduziam as operações e anulavam todas as iniciativas. Era uma prova para homens velozes e os dois portugueses sabiam que não podiam chegar à fase final em companhia do sempre perigoso Gonzalez, pois este poderia batê-los ao "sprint". Assim, antes de se chegar aos quatro mil metros, surgiu um novo e definitivo ataque dos dois irmãos, que desta vez não teve resposta possível por parte dos espanhóis, depois ainda mais impotentes para anular o seu atraso que se foi tornando cada vez maior.

Domingos e Dionísio, com a sua habitual táctica de entreajuda, iam ganhando terreno e correndo com uma segurança absoluta, impondo o domínio total das operações.

Assim, na metade da prova, a corrida estava praticamente decidida, com os dois portugueses a correrem sem dificuldades, e a única dúvida estava em saber qual seria desta vez o vencedor, pois não tinham oposição e não havia para os espanhóis a possibilidade de os apanhar.

Na última passagem pela meta o avanço era já de mais de cem metros e lá atrás os espanhóis lutavam entre si. Vicento Polo ganhava posições e impunha-se tanto a Serrano como a Gonzalez, que haviam sido os mais difíceis adversários dos irmãos Castro que, pese o seu claro domínio, mantinham o mesmo ritmo, denotando uma frescura física realmente impressionante.

Já perto da recta final, Domingos decidiu fugir, depois de ter a certeza que o seu irmão não perderia o segundo lugar e assim correu para a meta isolado, conseguindo um claro triunfo, que confirma a grande classe destes dois magníficos atletas portugueses. José Luiz Gonzalez, que era a grande esperança espanhola para esta prova,· não foi além do sexto lugar e esteve longe do seu melhor valor, ele que é indubitavelmente um dos melhores meio-fundistas mundiais da actividade.

Classificação: 1.º Domingos Castro, Sporting, 30 m 19 s; 2.º Dionísio Castro, Sporting, 30.22; 3.º Vicente Polo, Espanha, 30.37; 4.º António Serrano, Espanha.

MADRID — Em Fuensalida, localidade a 60 quilómetros de Madrid, disputou-se, ontem, o 2.º Cross Internacional do Calçado. O nosso atletismo impôs-se com toda a autoridade, com uma dupla vitória de Albertina Machado e Domingos Castro.

Na prova feminina, com cerca de 4.600 metros de extensão, assistiu-se a uma notável exibição de Albertina Machado, que confirmou o seu grande momento de forma, já demonstrado na passada S. Silvestre da Amadora. Ao princípio da corrida, foi Manuela Machado quem procurou impor o ritmo e durante os primeiros dois mil metros ela e a espanhola Dolores Riso foram as grandes animadoras da prova, enquanto Albertina Machado e Conceição Ferreira iam também neste grupo da frente, mas mais discretamente.

Foi então, mais ou menos a meio da prova, que Albertina Machado decidiu atacar forte. Fê-lo de tal forma que não deu a mínima hipótese de resposta às suas adversárias. Correndo com grande personalidade e cheia de força e entusiasmo, Albertina deu um autêntico festival, sem quebra de ritmo, e o seu avanço foi aumentando passo a passo, acabando por chegar à meta destacadíssima. Atrás, Conceição Ferreira impunha-se na segunda posição e Manuela Machado deixava-se ultrapassar por Begonia Herraiz, classificando-se no quarto lugar.

De qualquer forma, a superioridade da equipa do Sporting de Braga foi clara sobre as atletas do Kelma, que nada puderam fazer ante a grande exibição da turma bracarense.

A classificação geral foi a seguinte: 1.ª Albertina Machado, Sp. Braga, 15 m 02 s; 2.ª Conceição Ferreira, Sp. Braga, 15.10; 3.ª Begonia Herraiz, Espanha, 15.20; 4.ª Manuela Machado, Sp. Braga, 16.00; 5.ª Carmen Diaz, Espanha, 16.02; 6.ª Fátima Novais, Sp. Braga, 16.08.

Em promessas: 1.ª Dolores Riso, Espanha, 15.23; 2.ª Helena Lobo, Sp. Braga, 16.13.

"A Bola", 9/01/89

4 A VERDADE DESPORTIVA...

São verdadeiras ou falsas, as afirmações:

1 — Albertina obteve um dupla vitória em Fuensalida. ☐
2 — A distância corrida foi inferior a cinco quilómetros. ☐
3 — Manuela Machado e Dolores Riso não aguentaram o ritmo inicial. ☐
4 — O primeiro lugar feminino foi disputado até ao fim. ☐
5 — No final Albertina abrandou. ☐

Escolha a afirmação correcta:

I — O piso era duro porque correram 250 atletas.
    O piso era duro porque estava a chover.
    O piso era rápido porque era duro e não tinha subidas.

II — Os Castro foram os primeiros comandantes da corrida.
    Foram os principais candidatos à vitória que comandaram no primeiro quilómetro.
    A meio da corrida, o grupo era liderado por quatro atletas.

III — Os dois irmãos ajudaram-se mutuamente.
    Gonzalez e Serrano colaboraram para ajudar os Castro.
    Com a meta à vista foi importante a ajuda de Dionísio a Domingos.

IV — A velocidade de J.L. Gonzalez não preocupou os portugueses.
    Os Castro atacaram tão cedo porque os adversários eram rápidos.
    O ritmo dos espanhóis desgastou definitivamente os portugueses.

CRÓNICA DE UM ACONTECIMENTO DESPORTIVO

FUTEBOL

No dia 7 de Janeiro de 1989 realizou-se no Estádio do Bessa um encontro de futebol entre equipas do Boavista F.C. (que jogou no seu campo) e o F.C. Porto (equipa visitante).
O jogo contou para o Campeonato Nacional da 1.ª Divisão de futebol profissional. O espectáculo teve lugar às 21 horas e foi transmitido pela televisão, sendo assim visionado por milhões de telespectadores.

Leia os textos das páginas seguintes de forma a captar o sentido geral da reportagem de "A Bola".

Festival no rectângulo carnaval nas bancadas

Como quer que fosse, nunca será demais repetir que o Boavista realizou particularmente na segunda parte, uma exibição fabulosa. Então, já com Eloy (que partira o meio-campo do F.C. Porto.. pelo meio) à solta e, mais tarde, com Nelson a tirar proveito do desgaste provocado pela mobilidade e agressividade de Jorge Andrade, os boavisteiros encheram o relvado de lances maravilhosos de futebol, um futebol onde a velocidade de pernas e de execução não matava o lance de pormendor, o miminho de técnica, o espadeirar da finta, o explodir do arranque inesperado e vertiginoso, o estourar do remate pronto e certeiro e, evidentemente, a aleluia dos golos, dois deles (o segundo e o terceiro) sensacionais.

Enfim, um regalo para a vista dos espectadores neutros, um deslumbramento para os adeptos locais e, como se calculará um pesadelo para todos os portistas, dentro e fora do rectângulo. Deve dizer-se, por ser verdade, que os campeões se portaram, na dura e insólita emergência, com grande dignidade, lutando pela glória de um golo como se ele lhe pudesse dar aquilo que, definitivamente, estava perdido há muito: a vitória. Mesmo nos periodos mais difíceis, em que pareceu fulminado pelo espanto do que estava a acontecer-lhe, quase à deriva, quase à beira de uma catástrofe humilhante, com o Boavista a dar festival no rectângulo e a fazer carnaval nas bancadas, o F.C Porto conseguiu reencontrar-se sempre e, como que por encanto, jogar como nunca jogara antes. Isto é: o F.C. Porto só começou a jogar, praticamente, quando já não tinha a mínima hipótese de ganhar. Morra o homem, fique a fama...

Mas glória sobretudo ao herói inesquecível da noite: o Boavista.
ALFREDO FARINHA

Nélson: a figura do encontro

Ouvimos, ainda, a opinião de Nélson sobre o jogo e os seus golos:
— Estava no "banco" e o treinador mandou-me entrar com ordens para jogar solto. As ocasiões apareceram, fiz golos, mas quero deixar aqui bem expresso que eles não são do Nelson, mas de todos os jogadores. Evidentemente que estou satisfeito por marcar dois golos ao F.C. Porto, a melhor equipa do futebol português, mas quem fez os golos não foi o Nélson, foi o Boavista.

Aluno bateu professor

No final do jogo alguém afirmou: "o aluno bateu o professor". O aluno era Raul Águas, o professor era Artur Jorge. E a razão desta distinção é simples: Raul Águas chegou a ser treinado, no Portimonense, por Artur Jorge.

Bastante tempo depois de terminado o encontro tivemos oportunidade de dialogar com Raul Águas, que perante esta questão, afirmou:
— Não me importo nada de ser aluno. Mas, para além do aspecto profissional existe uma grande amizade entre mim e o Artur Jorge, que já vem de há muito tempo.
— Neste encontro quase se poderá dizer que a amizade passou despercebida e o Raul Águas não teve o mínimo de piedade para com o seu amigo...

A resposta:
— Em futebol não se pode ter piedade de ninguém e durante os noventa minutos não há amigos. É evidente que custa mais vencer a uns do que a outros, mas em futebol não se poder ter consideração por ninguém.

ARTUR JORGE

NOITE NEGRA DO F.C. PORTO

Artur Jorge disse à imprensa, no final do jogo:
— Vitória justíssima do Boavista, que jogou melhor do que nós. As coisas correram bem ao Boavista e mal ao F.C. Porto, que se apresentou pouco inspirado e cometeu muitas falhas. O Boavista é uma equipa constituída por bons jogadores e acabou por realizar um bom jogo. É evidente que teve a sorte pelo seu lado, obtendo os golos em momentos cruciais, com algumas facilidades. Parabéns aos jogadores do Boavista e ao seu treinador Raúl Águas.

"Os números não são importantes, porque o importante foi termos perdido o jogo. Antes do jogo, ninguém ousaria antever o resultado, se tivéssemos feito um inquérito ninguém acertaria. Estivémos numa noite negra, o conjunto fez coisas boas e coisas más. Todos têm o seu dia, o Boavista teve o seu. Parabéns.

ADRIANO PINTO

GRANDE JOGO MÁXIMA CORRECÇÃO

Adriano Pinto, presidente da Direcção da A.F. do Porto, apressou-se a felicitar os dirigentes dos dois clubes pelo espectáculo que haviam proporcionado e, interpelado pela reportagem de "A Bola", afirmou:

— Rico jogo, bom jogo em que as duas equipas foram dignas uma da outra. O Boavista empertigou-se, apareceu o golo inicial e fez juz ao triunfo. De qualquer modo, o F.C. Porto tem vindo a dizer que está vivo e bem vivo.

— Tratando-se de duas equipas da sua área de jurisdição, sente-se naturalmente feliz pelo espectáculo que os portugueses puderam presenciar...

— Sem dúvida. Foi um espectáéculo visto por milhões de portugueses, em que os atletas se empregaram com grande entusiasmo mas sempre dentro da máxima correcção, o que nos apraz registar. Espectáculos destes são a melhor propaganda para a modalidade. Repare até no desportivismo dos técnicos, com Artur Jorge a apressar-se a dar os parabéns a Raul Águas, atitude que é digna de registo.

AMÂNDIO ALVES

Raul Águas recebido, apoteoticamente, pelos sócios

Eram 23 e 45, quando Raul Águas abandonou o Estádio do Bessa. Lá fora mais de uma centena de adeptos aguardava a sua saída e Raul Águas foi recebido apoteoticamente pelos "axadrezados que se manifestavam ruidosamente, gritando "Raul, Raul, Raul". Demorou cerca de dez minutos para ultrapassar aquela difícil "cortina" constituida por centenas de pessoas. Todos lhe queriam tocar, dar-lhe uma palavra, um elogio. Perante isto, impunha-se uma questão: até onde pode ir "este" Boavista?

— O Boavista não vai a lado nenhum. Vai preparar-se, jogo a jogo para tentar obter o melhor resultado possível. Esta vitória não pode ser empolada, até porque o Boavista nem sequer efectuou uma exibição deslumbrante. Em futebol, as surpresas surgem quando menos se esperam e é necessário ter os pés bem assentes no chão para que um possível tombo não seja grande.

— Nem o Boavista é tão bom, nem o F.C. Porto é tão mau. Apesar deste resultado continuo com a perfeita consciência de que o F.C. Porto é, e continuará a ser, uma grande equipa. Não tinha, e continuo a não ter, a menor dúvida de que o F.C. Porto é superior ao Boavista só que a minha equipa tem que jogar para ganhar, seja contra quem for, pois tem sempre hipóteses de se bater pela vitória, independentemente do nome do adversário. Jogou sem complexos e acabou mesmo por ganhar com inteira justiça, dado que ao longo dos noventa minutos foi a melhor equipa em campo. Os meus jogadores estão de parabéns, jogaram com muita concentração e determinação e foram os grandes obreiros desta espectacular vitória.

Voltando a referir-se à expressividade do resultado, adiantou:

— O 4-1 é o resultado final e o que está em causa são os pontos em disputa. Para o F.C. Porto, perder por dois, por três ou por quatro é, precisamente, a mesma coisa e não é vergonha nenhuma. Há dois anos o Benfica perdeu em Alvalade por 7-1 e, até foi campeão nacional... O F.C. Porto é, eventualmente, a melhor equipa portuguesa da actualidade, mas pode perder, como qualquer outra.

— Mas, certamente, não esperava um F.C. Porto tão vulnerável...

— Eu não tinha que esperar nada do F.C. Porto, tinha era que esperar alguma coisa do Boavista... A nossa equipa acabou por ser feliz, o F.C Porto não deixou de ser uma grande equipa.

O desportivismo de Valentim Loureiro e o clima de paz entre direcções

Uma das notas mais salientes deste "derby" foi o clima de paz que o envolveu particularmente entre as duas direcções. No final, os dirigentes do F.C. Porto deram os parabéns aos do Boavista e estes procuravam não melindrar os responsáveis portistas, contendo as suas emoções e revelando um exemplar desportivismo. Major Valentim Loureiro era exemplo disso mesmo, apesar da sua natural satisfação:

—É um resultado anormal. Jogámos muito bem, mas ninguém poderia esperar um resultado destes, apesar de traduzir a verdade do jogo. Quero aproveitar para dizer aos boavisteiros que as relações entre as direcções não têm nada a ver com a rivalidade que pode existir entre as massas associativas e nem o clima de camaradagem existente impede o aparecimento de resultados como este.

Valentim Loureiro mostra-se confiante relativamente ao futuro:

Até há pouco tempo dizia, com toda a sinceridade, que o Boavista lutava para não descer. Neste momento posso dizer que luta, deliberadamente, por um lugar nas competições europeias.

Valentim Loureiro não deixou, igualmente, de salientar toda a sua satisfação pelo sucesso que constituiu a aposta em Raul Águas, "um treinador que há muito gostaria de ver no Boavista".

★ V. Loureiro — dirigente do Boavista

"A Bola", 9/01/89

5 A reportagem de "A Bola" não está completa, mas a parte transcrita é suficiente para tirar conclusões acerca do espectáculo.
Fale das suas impressões sobre:

a) Importância do desafio.

_____
_____
_____
_____
_____
_____

b) Qualidade do espectáculo.

_____
_____
_____
_____
_____
_____

c) Desportivismo dos intervenientes.

_____
_____
_____
_____
_____
_____

d) Comportamento do público durante o espectáculo.

_____
_____
_____
_____
_____
_____

e) Relação público-treinador vencedor.

_____
_____
_____
_____
_____
_____

f) Relação treinador vencedor/treinador vencido.

_____
_____
_____
_____
_____
_____

Palavras ouvidas ao público, soltas e por acaso.
O repórter organizou-as, mas mal.
Corte a(s) palavra(s) que não corresponde(m) à lógica da lista.

6   **A prova foi** — aliciante, normal, emocionante, inesquecível, decepcionante.

    A partida — pontual, correcta, regular, precisa, irregular.

  O ambiente — hostil, neutro, desportivo, caloroso, simpático.

     O atleta — brilhante, voluntarioso, medíocre, personalizado, dopado.

   O público — passivo, estático, participante, desinteressado, desmotivante.

  A medalha — de ouro, de prata, de sabão, de bronze, de madeira.

O REPÓRTER

BLOCO 13

Coloque-se na posição do repórter.

Ele tem que contar o que vê.

Se não lhe agradam as reportagens desportivas, escolha um outro aconteci-mento que pode ser muito simples. Por exemplo:

— O que aconteceu ontem quando voltava para a casa depois da aula de Português.

— Enquanto esperava na aula pelo professor.

— Quando estava à espera de transportes.

etc.

> Nota: Antes de fazer este trabalho, procure clarificar com a juda do dicio-nário os conceitos de:
> Crónica
> Reportagem
> Relato
> Notícia
> Artigo

a criança e a TV

Serviço de Educação Sanitária
DIRECÇÃO GERAL DE SAÚDE

Dos espectadores de televisão são muitas vezes as crianças quem passa mais tempo em frente do écran.

Este facto pode fazer com que as crianças

* TENHAM DIFICULDADE EM SE CONCENTRAR,
* SE EXCITEM MAIS FACILMENTE,
* PERCAM O GOSTO PELA VIDA AO AR LIVRE
* E CHEGUEM A TER PERTURBAÇÕES NO SEU DESNVOLVIMENTO.

COMO EVITAR ESTES PROBLEMAS?

* A IDADE com que a criança pode começar a ver TV é difícil de marcar.

 * As crianças muito pequenas nunca devem estar num local que as obrigue a olhar para a TV.

 * Se têm menos de 9 anos, é já muitas vezes cansativo ver televisão durante 30 minutos seguidos.

 * Se forem mais velhas, convém não ver mais do que 2 horas seguidas.
 Depois dum período longo diante da TV deve fazer intervalo para a desconcentração.

* A DISTÂNCIA mínima entre a criança e o aparelho deve ser de 2,5 metros. Se depois de ver TV, o seu filho se queixar de dores de cabeça, pode ser que precise de óculos.
 Vá com ele ao médico.

* A POSIÇÃO correcta para ver TV é de frente para o aparelho. Ver TV de um ângulo errado ou numa posição defeituosa é prejudicial.

* O SOM do aparelho nunca deve estar muito alto.

* CADA CRIANÇA reage de forma diferente ao ambiente.
 REAGE PORTANTO TAMBÉM DE MODO DIFERENTE À TV.
 Para a escolha dos programas, não basta confiar nas indicações que a própria TV dá.

BLOCO 14

1 A CRIANÇA E A TELEVISÃO

A criança e a TV. Qual a sua opinião?

Reuna cuidadosamente os argumentos e organize-os em:

Vantagens	Inconvenientes
_____	_____
_____	_____
_____	_____
_____	_____
_____	_____
_____	_____
_____	_____
_____	_____
_____	_____

e para os adultos?

_____	_____
_____	_____
_____	_____
_____	_____
_____	_____
_____	_____
_____	_____
_____	_____

Acha que este tipo de divulgação dos "perigos" da televisão pode ter algum efeito sobre o público? Ou a "força" das imagens é maior? Porquê?

_____

_____

_____

_____

_____

_____

_____

Vamos ser conciliadores...

Apesar das críticas,

— A televisão passa muitos filmes de qualidade.

— Bem ou mal, os programas de informação trazem as principais notícias do mundo a casa das pessoas.

— Fazem-se alguns debates para esclarecer os telespectadores.

— Os programas humorísticos divertem um certo tipo de audiência.

— Quase todas as estações de TV prevêem na sua programação alguns momentos culturais.

— Programas sobre a natureza alertam a opinião pública para os perigos de degradação do meio-ambiente.

— As imagens mostram alguns lugares do mundo que nunca podemos visitar.

Nem sempre a publicidade engana o público.

Quem tem menos dinheiro considera a televisão um passatempo barato.

— Apesar de tudo o pequeno écran, às vezes, traz surpresas agradáveis.

Tansforme as frases começando por:

Muitos filmes de qualidade _____
_____

As principais notícias do mundo___
_____
_____
_____

Alguns debates_____
_____
_____

Um certo tipo de audiência _____
_____
_____

Alguns momentos culturais _____
_____
_____

A opinião pública_____
_____
_____

Alguns lugares do mundo_____
_____
_____

Nem sempre o público_____
_____
_____

A televisão _____
_____
_____

Apesar de tudo, algumas surpresas agradáveis _____
_____
_____

BLOCO 14

101

O FUGITIVO
DA SELVA

**BAT-21, de Peter Markle.
EUA, 1988; com Gene
Hackam, Danny Glover.
No Hollywood**

**Um "B-52" é abatido
numa missão sobre o
território vietcong, o
único sobrevivente é um
tenente-coronel
fundamental na estratégia
da guerra.
Durante doze dias o
coronel sobrevive em
território inimigo,
escapando às patrulhas e
aproximando-se pouco a
pouco de uma zona de
segurança.**

Não há fome que não dê
em fartura. Durante anos
Hollywood preferiu ignorar
as questões levantadas
pelo envolvimento militar
americano no Vietname,
mas bastou o sucesso pú-
blico de um filme como
Platoon para se desenvolver uma verdadeira indús-
tria de filmes com o
Vietname como pano de
fundo

Bat-21 tem o Vietname
como cenário, mas as
questões que aborda — a
sobrevivência, a relação de
responsabilidade e depen-
dência gerada entre os dois
protagonistas — poderiam
adequar-se a qualquer
outro conflito, o problema
vietnamita é aqui algo
secundário.

O coronel Iceal Ham-
bleton é um militar de
secretária que nunca tra-
vou combate em toda a sua
carreira na força aérea,
após o seu avião ser aba-
tido sobre território inimigo Hambleton é obrigado
a encarar a sua própria
mortalidade, a irracionali-
dade da matança e o seu
estado de completa depen-
dência em relação ao piloto
do avião-batedor encarre-
gado de o guiar para uma
zona segura.

A outro nível, *Bat-21*
(nome de código de Ham-
bleton durante a sua odis-
seia pelas florestas
vietnamitas) é também um
filme que se enquadra num

subgénero fílmico que dá
cartas na actual produção
americana, o *buddy-movie*,
filme de parelhas: Hambleton é branco, Clark, o piloto do avião-guia, é
preto. Os dois protagonistas pertencem a gerações
diferentes, mas sob o fogo
inimigo desenvolvem uma
relação que nos remete
para algo mais primário, a
dependência do indivíduo
em relação aos seus seme-
lhantes e ao seu indómito
espírito de sobrevivência.

Peter Markle, de quem
já conhecemos *Young-
blood,* realizou com o *O
Fugitivo da Selva* um efi-
ciente e excitante filme de
acção que não se limita à
habitual parafernália
bélica, apresenta-nos o
conflito como elemento
despoletador de algumas
das mais nobres caracte-
rísticas do espírito humano.

"Independente"
25-5-89

R.B

3 Leia a crítica do "Independente" de forma a ficar com **uma ideia geral** sobre o filme e as opiniões do crítico.

Diga o que ficou a saber sobre:

Antecedentes do filme

Género ou subgénero
do filme

O argumento

Personagens principais

O realizador

Qualidades

Interpretações dos
actores

Técnica de realização

OUTRAS CRÍTICAS

Vai ler extractos de outras críticas:

•O FUGITIVO DA SELVA
de Peter Markle

Que **O fugitivo da selva** se inspire num facto real pouco vem ao caso. Todo o filme é encenação e manipulação, por mais "real" que seja o que é narrado, servindo a referência apenas de estímulos ao espectador, que julga assim participar duma experiência pessoal — com a vantagem de não lhe sofrer as consequências. Os bons sentimentos não fazem um bom filme, e um filme pacifista não tem necessariamente de cair na demagogia (veja-se o caso apesar de tudo ambíguo de **Apocalipse Now**). A aventura deste oficial de operações especiais no Vietname — cujo helicóptero é abatido em território inimigo e vai assistir, à boca de cena, aos horrores da guerra —, está recheada de "clichés" desses filmes pacifistas. Samuel Fuller, que destas coisas sabia bem, dizia mais ou menos que a guerra é apenas guerra, sem romantismos nem actos heróicos; uma luta do soldado pela sobrevivência , sem ter tempo para pensar na noiva, ou deixar-se levar por arroubos de ternura ou problemas de consciência quando enfrenta o inimigo.

Expresso 13-5-89

(...) Longe das grandes encenações que marcaram as primeiras representações da guerra do Vietname no cinema americano (*Apocalypse Now, o Caçador*), este filme resume-se ao encadeamento de uma série de situações de "suspense", quase todas elas, aliás, razoavelmente previsíveis; a patrulha inimiga que passa a um palmo de distância do fugitivo, o salvamento abortado no último momento por uma emboscada, etc. O que é tanto mais lamentável quando se percebe que outros "motivos" devem ter animado, a seu tempo, o cineasta, muito especialmente a relação entre o velho coronel e Bartholomew, o piloto do pequeno avião que o procura *guiar* na selva inimiga. (...)

Se as cenas de acção são trabalhadas com algum cuidado e habilidade, se alguns momentos parecem ser especialmente conseguidos (como a sequência inicial, com o helicóptero a descer sobre o improvisado campo de golfe), a verdade é que o filme, no seu conjunto, como o pequeno 02 de Bartholomew, nunca chega a voar muito alto.

in Suplemento
"O Jornal"
17-18 Maio 89

É curioso verificar que, neste tempo em que os géneros morreram na produção americana, tem florescido um género novo e solitário a que poderíamos chamar de "filme de Vietname". De alguma maneira este género é a reciclagem de um outro, clássico, o "filme de guerra". Ou se procura, nesses "filmes de Vietname", ganhar na ficção,a guerra que se perdeu no terreno (é a função de **Rambo** ou da série **Desaparecido em Combate,** com Chuck Norris) ou reafirmar o horror (de que **Apocalipse Now** foi o pai fundador). **O fugitivo da Selva** pertence a esta segunda família: um tenente-coronel da aviação, perito em electrónica, que sempre tinha visto a guerra a oito mil pés de altitute, é abatido durante uma missão. Enquanto decorrem as operações para o retirar da selva,o nosso homem vai ver a guerra na primeira fila, assistir à mortandade, confrontar-se com o acto de matar.

O nosso homem é Gene Hackman e só isso faz com que se siga o filme com algum interesse (isso e os diálogos pela rádio entre ele e o homem encarregado de o localizar, Danny Glover, mas esse elemento do filme é claramente desaproveitado). O resto do filme é fogo-de-artifício e maquetes, pirotecnia nem sequer muito bem feita, dado que o filme está longe de ser uma grande produção.

Expresso, 20-5-89

4 Ficou com uma opinião diferente do filme ?

Que ideias se acrescentam à crítica de R.B. no "Independente" relativamente a:

Qualidade da obra

_____
_____
_____
_____
_____
_____
_____

Género do filme

_____
_____
_____
_____
_____
_____
_____
_____
_____
_____
_____
_____
_____

5 Do "puzzle" das várias opiniões, é possível tirar algumas conclusões mesmo
sem ver o filme.
Escreva um texto em que o objectivo seja **orientar um futuro espectador na
escolha do filme**.
O seu texto deve ser uma **síntese** das ideias contidas nas várias críticas.

_____
_____
_____
_____
_____
_____
_____
_____
_____
_____
_____
_____
_____
_____
_____
_____
_____
_____
_____
_____
_____
_____
_____
_____
_____

6 MAIS UMA CRÍTICA — FILMES NA TV:

Desta crítica foram tiradas algumas palavras (preposições). Complete o texto. Note que as preposições podem estar contraídas.

* BENJI
de Jof Camp

A linguagem___animais superdotados (mais inteligentes que os donos, como diz a anedota...) é quase tão antiga como o próprio cinema.

___Lassie ao falante Mr. Ed,___televisão, passando___Rin Tin Tin e___cavalo Fury, os estúdios não se têm cansado___procurar heróis de quatro patas e alguns tiveram não irrelevante sucesso.

Benji, protagonizado___um felpudo e simpático canino, foi um desses êxitos, corriam os anos 70___particular junto___público americano, já que nem sequer chegou a estrear entre nós, tendo sido divulgado apenas___videocassete. Trata-se de um daqueles produtos "toda-a-família" que não fazem nem mal nem bem antes___contrário. Entretenimento___os mais miúdos.

O Jornal 17-18 Maio 88

Escolha você mesmo um filme, uma exposição de pintura ou escultura ou uma peça de teatro que tenha visto ultimamente e faça uma crítica.

_____
_____
_____
_____
_____
_____
_____
_____

Caro Marcelo,

Recebi a carta em que contavas o sucesso que foi a tua passagem por Lisboa. Ainda bem que te divertiste! Infelizmente tive pouco tempo para estar contigo — aquele cafézinho foi rápido de mais para matar saudades. Espero que voltes em breve.

Sei que não ficaste muito contente no dia em que me convidaste para ir ao cinema com a malta toda, mas realmente não me apeteceu porque o género de filme não me atrai e as críticas eram muito negativas. Estou-me nas tintas para os críticos, mas desta vez acho que eles têm razão. Não quiseste ir ao teatro — paciência! Espero bem que ainda gostes de teatro... ou também já estás desencantado com as últimas peças que tivemos oportunidade de ver? A propósito, o Carlos João do nosso curso, agora virou realizador de cinema. Não faço a mínima ideia como foi o seu 1.º filme Ninguém sabe e duvido que algum dia alguém venha a saber.

Já percebi que estou, hoje, negativo demais. É melhor mudar de assunto.

Última questão — será que vou ter uma semana para passar aí no fim do mês e poder continuar esta carta de viva voz? Quem me dera!

Até lá um abraço

Chico

BLOCO 14

7 Faça um levantamento de frases em que Marcelo manifeste:

Desejo
_____
_____
_____

Dúvida
_____
_____
_____

Desconhecimento
_____
_____
_____

Indiferença
_____
_____
_____

Lamento
_____
_____
_____

Resignação
_____
_____
_____

8 Estes textos escreveram-se *para quê*?

Para:
Advertir
Aconselhar
Convencer
Convidar
Informar
Dar instruções
Propor (qualquer coisa)
Pedir desculpa

1

O EMBAIXADOR DO MÉXICO
E O
DIRECTOR DA CINEMATECA PORTUGUESA
têm o prazer de convidar

para assistir ao Ciclo de Cinema

IMAGENS DA REVOLUÇÃO MEXICANA

que terá início a 12 de Maio, às 21.30 horas

na Cinemateca Portuguesa
Sala Dr. Félix Ribeiro

Rua Barata Salgueiro, 39

R.S.F.F.

2

CUIDADO COM
O CÃO!

3

– E QUE TAL UM CAFÉZINHO?
– ACHO BEM, FAZEMOS UM
INTERVALO.

4

POR RAZÕES ALHEIAS À NOSSA
VONTADE A EMISSÃO FOI
INTERROMPIDA DURANTE
ALGUM TEMPO. PELO FACTO
PEDIMOS DESCULPA AOS SENHORES
TELESPECTADORES.
TELEJORNAL 19.05

5

PGP
Petroquímica e
GÁS DE PORTUGAL

Lisboa, 24 de Abril de 1989

Estimado Cliente,

Desde 1957 que a PGP produz gás canalizado para abastecer a área da Grande Lisboa. Agora, assumiu também a responsabilidade de o distribuir e fazer chegar a sua casa.

6

Programa Dietético

Por fim, tente respeitar sempre quatro regras fundamentais de bem viver: não meta à boca alimentos de qualidade duvidosa; esforce-se por não fazer refeições depressa e sem prazer; evite sítios barulhentos e com fumo; e porque a companhia é algo de essencial à vida, se puder, tente não almoçar ou jantar com pessoas que desagradam... De preferência junte-se a um(a) amigo(a) também empenhado(a) em levar por diante um regime alimentar equilibrado e inteligente.

7

Amigdalites

Em casos de infecções da garganta, amigdalites, farigintes, etc. com ou sem rouquidão:

• pressione enérgica e prolongadamente aspirando o suficiente para obter uma boa impregnação das amigadalas;

• faça 4 sessões por dia, 4 aerosolizações por sessão.

Bronquites

Em casos de afecções traqueo-brôquicas:

• inspire profundamente, retenha a respiração alguns segundos para impregnar toda a árvore brôquica;

• faça 4 sessões por dia, 4 aerosolizações por sessão.

8

Stress, fadiga; agressões exteriores ameaçam o seu rosto. Com este produto, o produtor propõe-lhe um plano de defesa sem paralelo. Este novo tratamento de dia, proporciona de imediato à sua pele a calma ideal, ela torna-se totalmente receptiva aos elementos activos exclusivos da fórmula, os extractos de thymus, verdadeiros reactivadores da juventude. Desse modo e durante todo o dia o produto preserva eficazmente a luminosidade do seu rosto: os seus traços ficam repousados, a sua pele retoma vitalidade e a sua maquilhagem conserva-se luminosa.

9   **PARA QUEM GOSTA DE COLECCIONAR POSTAIS...**

Foram publicadas recentemente uma série de 12 litografias e outra de 16 postais que reproduzem alguns coretos de Portugal. Estas séries são da autoria do artista Branco Cardoso que, curiosamente, não é coleccionador de nada mas dedica os tempos livres a enriquecer as colecções de terceiros...

Este jovem pintor tem participado ultimamente em inúmeros concursos onde tem sido distinguido com vários galardões. No ano passado obteve o primeiro prémio para o cartaz turístico da Ericeira.

As litografias são numeradas e assinadas pelo autor e estão à venda nas livrarias em luxuoso álbum. Os postais podem ser encontrados à venda não só nas livrarias mas também nas papelarias em todo o país. No entanto, considerando a hipótese de não serem encontrados, os coleccionadores interessados podem contactar directamente o autor, quer pelo telefone 4316413, quer por escrito para a morada Rua do Bom Jardim 11, 2745 Venda Seca.

M.I. Soares, **Tempo Livre**, Nov. 92 (Texto adaptado)

Você é coleccionador de postais e está interessado em saber mais pormenores sobre esta série; por isso prepare as perguntas que quer fazer ao artista (ao telefone ou por escrito) sobre:

características dos postais (tamanho, tipo de papel)
cuidados a ter com a sua conservação

Faça a encomenda de uma colecção de postais e informe-se sobre a melhor forma de pagamento.

Use o modo Imperativo em verbos como, por exemplo: escrever, dizer, indicar, enviar, assinar...

_____
_____
_____
_____
_____
_____
_____
_____
_____
_____

1

Golfinhos animam Zoo

Descreva e comente o que vê na imagem e texto que a acompanha.

O JARDIM Zoológico de Lisboa fez a apresentação das suas novas vedetas, os "Golfinhos de Miami", recém-chegados do Brasil, que são os intérpretes principais de um espectáculo que animará aquele parque, pelo menos nos próximos dois anos.

"Sissi" e "Flipper" e as figuras secundárias , as focas "Xuxa" e "Salty" — embora ainda não ambientadas ao parque aquático especialmente construído nas Laranjeiras, com capacidade para 1200 espectadores —, corresponderam à expectativa logo na primeira apresentação. Saltam obstáculos, dançam vários tipos de música, brincam com bolas, chapéus e óculos, jogam basquetebol e "bowling" e fazem diversas habilidades. O reflexo condicionado é o segredo do "show".

Condicionado também é o preço das entradas (450 escudos) que não dão acesso ao Jardim Zoológico.

Expresso, 13-12-88

2

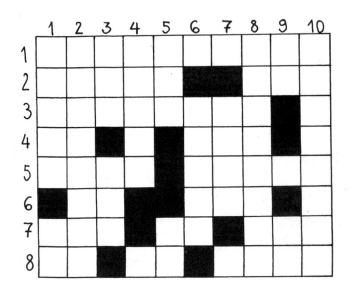

HORIZONTAIS — 1 - Quem pratica esta actividade trabalha na terra, mas não precisa de ser agricultor. Deve gostar de flores.

2 - Não gostar mesmo nada de alguém. Antigamente fazia-o a muitos livros, mas agora não tenho tempo

3- O seu sorriso é mesmo estranho. Para o vermos no original precisamos de ir a Paris.

4 - Não é tão pequena como uma rua, nem tão grande como uma auto-estrada (abrev.).Vinho de uma região do Norte de Portugal. Também pode ser uma forma do verbo dar. (inv.)

5 - O que está a acontecer a alguns edifícios antigos de Lisboa (inv). Faz como as outras pessoas (forma verbal).

6 - Consoante repetida. Nem mais nem menos,... como.

7 - A ele. Reflexo. No interior da palavra Biblioteca.

8 - ...Mas não fui. Pão doce muito apreciado nalgumas regiões de Portugal. São eles que fazem a melodia.

VERTICAIS — 1 - Faz-se muitas vezes nos tempos livres, com uma bola com cartas, e você está agora a fazer com palavras. Não vou ler outra vez, já...

2 — "Branco é, galinha o põe" — "É o ovo".
Claro que você sabia a resposta desta...

3 - O de Lisboa chama-se Tejo e quem o vê nunca mais o esquece. Liga.

4 - No desporto automóvel é uma prova muito conhecida — Paris...

5 - Cresce em águas doces e os portugueses gostam muito de a ter à refeição. Há quem a chame enguia. Em Portugal diz-se: — "Mais vale,... do que mal acompanhado.

6 - Parte do dia em que o divertimento tem mais magia — a de Lisboa é especial.

7 - Joga-se no tabuleiro como o xadrez. (sing.)

8 - Quem se dedica à actividade referida em 1 - horizontal conhece bem esta flor.

9 - Duas vogais. Também serve para chamar a atenção a alguém, mas não é muito delicado. Coloque antes da palavra **útil** e veja que lhe deu o sentido oposto.

10 — Adjectivo de mania (plural).

Histórias para os tempos livres

Ordene correctamente os parágrafos e divirta-se...

Um Polícia à boleia

1 "Quero uma boleia", reclamou o polícia — "mas o táxi está ocupado. Não vê que levo passageiros?", respondeu o atónito motorista. "Não faz mal. Eu só quero ir até ali à frente", insistiu o agente da autoridade, enquanto abria a porta e entrava para o veículo, indeferente à presença dos outros ocupantes. Os clientes do táxi entreolharam-se e concluíram que não tinham outra alternativa senão transportarem o "clandestino" até ao fim da "corrida", a estação do Cais do Sodré.

2 Chegados ao terminal ferroviário, os passageiros pagaram a despesa e retiraram-se, ainda combalidos com o acontecimento. Atrás de si ainda conseguiram ouvir a discussão entre o taxista e o polícia, que não mostrava qualquer intenção de sair do automóvel: "até aqui o senhor veio à boleia, mas a partir de agora tem de pagar". Indiferente o intruso insistia em finalizar a viagem: **Mas eu só quero ir até ali à frente"...**

3 Quando o polícia mandou parar o táxi em frente à esquadra da Praça do Comércio, o motorista e os passageiros julgaram que se tratava de uma "operação stop". Rapidamente perceberam que estavam enganados: o agente da autoridade não tinha o habitual chapéu e trazia um blusão de cabedal por cima da camisa do uniforme. No entanto, a indicação de paragem mantinha-se.

Victor Rainho

O "caldinho"

1 Mas a "cena" ia complicar-se. Fulminante, um som metálico rasgou o ar e, nas mãos do jovem apareceu uma navalha de ponta e mola, brilhante, ameaçadora.
"Não 'tás a perceber. Eu preciso de dinheiro." — insistiu, cada vez mais nervoso, o rapaz cigano, segurando agora na mão um argumento novo. "Todo o dinheiro que tiveres é para mim".

2 Olhou e viu um jovem cigano, com um ar comprometido e os braços completamente picados repletos de marcas de adesivos.
"Pá, 'tou à rasca, preciso de um 'caldinho'! arranja-me dinheiro" — disse-lhe baixinho. À volta dos dois rapazes as pessoas continuavam a passar, indiferentes ao que se passava, mas preocupadas com as suas compras. Percebendo o nervosismo do cigano, Vítor abanou a cabeça negativamente e retomou o caminho.

3 Maldizendo já a sua sina, consciente de que o roubo era já um facto consumado, Vítor pousou o amplificador no chão, tirou a carteira do bolso e tirou os seiscentos escudos que tinha no interior.
"É tudo o que tenho. Era o dinheiro que tinha para jantar, agora não vou poder comer" — lamentou-se em voz alta, enquanto entregava o dinheiro. Sem pestanejar o jovem assaltante contou uma nota de 500 e outra de 100 escudos, olhou à sua volta, guardou a nota maior e estendeu o braço: "É pá 'tá bem'. Toma lá cem paus e vai jantar!"

4 Vítor saiu do carro e atravessou a avenida com passo determinado. Levava consigo um amplificador avariado, uma mala de couro e um blusão debaixo do braço. A tarde estava quente e toda esta 'bagagem' o atrapalhava. Ia a entrar no Centro Comercial das Amoreiras quando ouviu, atrás de si, uma voz rouca a chamá-lo.

Luís Proença

in "Expresso", 7-5-89

Faça os exercícios de acordo com o exemplo:

4

> Ø. **Fui** ao Porto pela primeira vez na minha vida.
> Eu nunca **tinha ido** ao Porto.

1 — Eles vieram ontem a minha casa pela primeira vez.

_____

2 — Pela primeira vez escrevi um artigo para o jornal.

_____

3 — Vimos um espectáculo de circo pela primeira vez.

_____

4 — Ela fez um bolo pela primeira vez na vida.

_____

5

> Ø. **Escreveram-se** muitos livros sobre este assunto.
> **Foram escritos** muitos livros sobre este assunto.

1 — Fizeram-se várias tentativas para resolver o problema.

_____

2 — Disseram-se muitos disparates sobre o assunto.

_____

3 — Perdeu-se muito tempo à procura de uma solução.

_____

4 — Conseguiu-se algum dinheiro à custa de muito esforço.

_____

1 Complete o seguinte texto utilizando os verbos dele retirados na sua forma correcta:

SE
VAI CONDUZIR
PREVINA-SE
ANTES
DE PARTIR

_____ refeições leves antes e durante a viagem.

_____ bebidas alcoólicas.

_____ sempre o cinto de segurança.

Não _____ calmantes.

_____ as crianças no banco de trás.

Se sentir cansaço,_____o tempo necessário
e_____um pouco de exercício.

_____ um cidadão consciente
cumpra as regras de trânsito

FAÇA AS
SUAS FÉRIAS
EM SEGURANÇA

_____o estado do seu carro.

_____da sua alimentação.

_____os artigos essenciais para levar consigo.
O excesso de carga _diminui_
a segurança do veículo e a sua própria.

SE VIAJAR É A
SUA PROFISSÃO

_____ viajar sozinho

Se vai chegar atrasado,
não _____

_____ o tempo necessário para os
percursos e.

Parar	Cuidar
Tomar	Escolher
Fazer	Evitar
Ser	Acelerar
Sentar	Controlar
Evitar	Calcular
Usar	

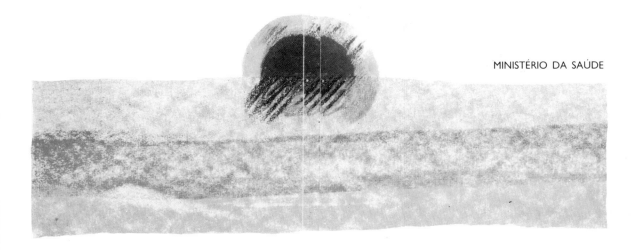

2 Os conselhos são demasiados úteis para não os repetir a um amigo menos avisado...

Faça-o! _____
_____
_____
_____
_____
_____
_____
_____
_____
_____
_____
_____
_____
_____
_____
_____
_____

3 E se esse amigo vai fazer uma grande viagem acompanhado de outros amigos. Como os aconselha?

_____
_____
_____
_____
_____
_____
_____
_____
_____
_____
_____
_____

Não tenha receio de ser demasiado moralista. Trata-se de um exercício...

O pequeno crime em Lisboa

A

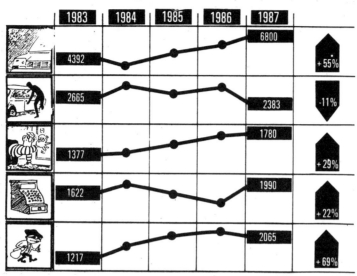

	1983	1984	1985	1986	1987	
	4392				6800	+55%
	2665				2383	-11%
	1377				1780	+29%
	1622				1990	+22%
	1217				2065	+69%

N.B.: Na zona rural o furto de veículos subiu de 86 para 87 (22%).

in *O Jornal*

25.5.88

O gráfico A é acompanhado de cinco pequenos desenhos que simbolizam outros tantos tipos de "pequeno crime"

1 — Certamente que tem uma noção do que é o pequeno crime.
Com a ajuda dos símbolos utilizados no gráfico, defina o conceito de "pequeno crime".

_____
_____
_____
_____

2 — Faça um pequeno relatório, com base ainda no gráfico A, sobre a evolução do "pequeno crime" na zona de Lisboa.
Para sua melhor orientação, utilize as designações: furto em veículos, furto de veículos, assalto a residências comerciais, assalto à mão armada.
Dê um título ao seu relatório.

_____
_____
_____
_____
_____
_____
_____
_____
_____

BLOCO 16

B

Furto em veículos

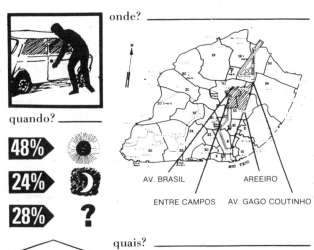

onde? _____

AV. BRASIL   AREEIRO

ENTRE CAMPOS   AV. GAGO COUTINHO

quando? _____

48% ☀

24% ☾

28% **?**

JULHO
AGOSTO

FEVEREIRO
E NOVEMBRO

quais? _____

MINI   FORD

N.º de furtos
    1986 = 2540
    1987 = 2380

Zonas de furto:
1 — O quadrado assinalado no mapa (487 em 1987)
2 — Benfica e Olivais.

C

Furto de veículos

onde? _____

FEIRA DA LADRA   STa. APOLÓNIA

CAMPO DAS CEBOLAS

quando? _____

52% ☀

44% ☾

JULHO E AGOSTO

o quê? _____

53% OBJECTOS PESSOAIS

36% ACESSÓRIOS

1% COMPONENTES

quais? _____

RENAULT   FIAT   FORD

27% **ESTRANGEIROS**

N.º de furtos
    1986 = 5070
    1987 = 6800

Técnica preferida — vidro partido

Acessórios preferidos:
1 — Rádio-cassete
2 — Pasta de uso pessoal

N.B. Os números são subavaliados porque as vítimas participam cada vez menos à Polícia.

5   **UM TEXTO INFORMATIVO**

Ainda é cedo para tentar ser jornalista em língua portuguesa.

Mas tente elaborar um pequeno texto informativo em que refira os aspectos com mais interesse público que estão contidos nos gráficos B e C.

Note que, para o ajudar, os gráficos estão já organizados de forma a poder orientar o seu texto   *Onde?   Quando?   O quê?   Quais?*

Dê um título ao seu texto e... lembre-se que uma boa notícia deve conter uma pequena introdução...

_____

_____

_____

_____

_____

_____

_____

_____

_____

_____

_____

_____

_____

_____

_____

_____

6   **Conselhos úteis.**

Ainda com base nos gráficos B e C elabore uma lista de conselhos úteis para os automobilistas que transitam em Lisboa.

_____

_____

_____

_____

_____

_____

_____

7   É natural que o Sr. Jacinto tenha escrito uma carta para a família na ilha da Madeira contando o sucedido.

Imagine a carta, não esquecendo que o senhor Jacinto não deverá querer alarmar a família, pelo que explora os pormenores mais divertidos de toda a história.
Pode imaginar outros pormenores que tornem a história mais interessante:
Ex.:
— o que faziam as duas vítimas
— aquele final de tarde no hospital...
— a reacção do médico
— a conversa na ambulância a caminho do hospital..., etc.

_____

_____

_____

_____

_____

_____

_____

_____

_____

_____

_____

_____

_____

_____

_____

_____

_____

_____

_____

_____

_____

_____

S. R.

MINISTÉRIO DA ADMINISTRAÇÃO INTERNA

POLÍCIA DE SEGURANÇA PÚBLICA

COMANDO DISTRITAL DE LISBOA

ORIGEM	N.º de Registo
5ª DIVISÃO	
13ª Esq.ª ou Posto	13 / 49
Serviço : 17/2	

AUTO DE DENÚNCIA

No dia dezanove do mês de Março de mil novecentos e noventa e três pelas dezasseis horas na décima terceira esquadra

foi apresentada queixa (denúncia) por (a) : Cidadão português, Jacinto Ramos Frade, nascido a 15/5/45, casado, funcionário público, residente na Rª Di- reita, Funchal, ilha da Madeira, de passagem por Lisboa para tratar de assuntos particilares e doença de sua esposa que está internada no Hospital de Santa Maria.

que acusa (b) : Desconhecido, indivíduo de sexo masculino, jovem, loiro, com cerca de 1m e 70cm de altura, vestindo no momento do furto uma camisa às riscas e jeans claros. Desconhece nome, morada e paradeiro.

da prática dos seguintes factos : de hoje, cerca das 14 horas numa esplanada da Av. da Liberdade, enquanto tomava um café na companhia do médico assistente de sua esposa, se terem acercado da mesa ameaçando-os com uma faca, lhe terem furtado a carteira contendo 35 mil escudos em notas, bem como todos os seus documentos pessoais. Posteriormente o larápio tentou extorquir o relógio de pulso do médico, provocando

PSP — Mod. 437-60.000 ex. - 1-89

121

BLOCO 16

uma reacção do queixoso que foi atingido no abdómen, o que o obrigou a receber assistência e internamento no Hospital de Santa Maria.

TESTEMUNHAS DA OCORRÊNCIA:

Joaquim Paulino da Silveira, português, divorciado, médico, residente em Lisboa, nascido a 5/12/40. A testemunha trabalha no Hospital de Santa Maria.

(a) Identidade do queixoso ou denunciante.
(b) Identidade do denunciado.

— O queixoso (denunciante), pode declarar na denúncia que deseja constituir-se assistente. Se o procedimento depender de acusação particular, a declaração é obrigatória.

O AGENTE

Nome _____

Posto _____ da G.F. S. ____

O QUEIXOSO / DENUNCIANTE

As autoridades portuguesas decidiram fazer uma campanha de sensibilização subordinada ao tema Álcool e Condução.

O texto da campanha é o seguinte:

RAZÕES DA LEI

Estatísticas internacionais demonstram com clareza estar o álcool presente na grande maioria dos acidentes rodoviários. Portugal era dos poucos países da Europa que não possuía legislação sobre esta matéria vindo agora a Lei 3/82, de 29 de Março, colmatar essa lacuna, determinando a taxa de alcoolémia a partir da qual fica proíbida a condução automóvel. Entende-se por taxa de álcool no sangue (TAS) a concentração de álcool por litro de sangue.

A Lei que entrou em vigor em 25 de Setembro pune todo e qualquer condutor encontrado a conduzir ou que se proponha iniciar a condução com uma taxa de alcoolémia igual ou superior a 0,8 g/l.

QUANDO ACTUA A FISCALIZAÇÃO

A fiscalização do cumprimento da Lei que proíbe a condução de veículos por indivíduos sob a influência do álcool será feita por agentes da fiscalização, em toda e qualquer circunstância, mesmo quando o condutor se proponha iniciar a condução.

COMO ACTUA A FISCALIZAÇÃO

O agente sujeitará o condutor aos exames de ar expirado, podendo efectuá-los, sempre que o considerar necessário, no decurso dum período nunca superior a trinta minutos. Se os resultados forem positivos o utente fica impedido de conduzir ou de iniciar a condução durante 12 horas, sem prejuízo das outras sanções previstas na Lei, a menos que, antes de decorrido esse período através de exame requerido pelo condutor se prove a inexistência de qualquer influência de álcool.

No caso de acidente, de que resultem feridos ou mortos, não só o condutor, mas outras pessoas que para ele tenham contribuído serão submetidas ao exame acima referido.

Durante o período do impedimento do condutor influenciado pelo álcool, o veículo só poderá prosseguir a sua marcha conduzido por outra pessoa devidamente habilitada e com legitimidade para o fazer. Caso contrário, o veículo ficará imobilizado, correndo todas as despesas daí inerentes por conta do utente; o agente de autoridade providenciará no sentido de que o veículo fique estacionado de acordo com a lei.

RAZÕES DA LEI

Complete-o com as seguintes palavras:

1

Alcolémia, lacuna, legislação, qualquer, estar, por.

Estatísticas internacionais demonstram com clareza_____ o álcool presente na grande maioria dos acidentes rodoviários. Portugal era dos poucos países da Europa que não possuía _____ sobre esta matéria vindo agora a Lei 3/82, de 29 de Março, colmatar essa_____, determinando a taxa de _____ a partir da qual fica proibida a condução automó- vel. Entende-se___taxa de álcool no sangue (TAS) a concen- tração de álcool___litro de sangue.

A Lei que entrou em vigor em 25 de Setembro pune todo e _____condutor encontrado a conduzir ou que se proponha iniciar a condução com uma taxa de alcoolémia igual ou superior a 0,8 g/l.

QUANDO ACTUA A FISCALIZAÇÃO

2

A fiscalização do cumprimento da Lei que proibe a condu- ção de veículos por indivíduos___a influência do álcool___ feita por agentes da _____ , em toda e qualquer circuns- tância, mesmo quando o condutor___proponha iniciar a condução.

se
será
sob
fiscalização

Para completar esta parte do texto, só necessita colocar os verbos abaixo indicados no tempo e forma necessários para que o texto faça sentido.

COMO ACTUA A FISCALIZAÇÃO

3

O agente _____ o condutor aos exames de ar expirado, _____ efectuá-los, sempre que o _____ necessário, no decurso dum período nunca superior a trinta minutos. Se os resultados _____ positivos, o utente fica impedido de conduzir ou de iniciar a condução durante 12 horas, sem prejuízo das outras sanções previstas na Lei, a menos que, antes de decorrido esse período, através de exame requerido pelo condutor, se _____ a inexistência de qualquer influência do álcool.

No caso de acidente, de que _____ feridos ou mortos, não só o condutor, mas outras pessoas que para ele _____ serão submetidas ao exame acima referido.

Durante o período do impedimento do condutor influenciado pelo álcool, o veículo só _____ prosseguir a sua marcha conduzido por outra pessoa devidamente habilitada e com legitimidade para o _____ . Caso contrário, o veículo _____ imobilizado, correndo todas as despesas daí inerentes por conta do utente; o agente de autoridade _____ no sentido de que o veículo _____ de acordo com a lei.

1 sujeitar

2 poder

3 considerar

4 ser

5 provar

6 resultar

7 ter contribuído

8 poder

9 fazer

10 ficar

11 providenciar

12 ficar estacionado

4
O Sr. Projectos é um sonhador

Ele esquece os impostos, os juros do banco e as suas dificuldades económicas. Compra terrenos com casas velhas e degradadas e só depois é que faz as contas...
Entretanto está muito entusiasmado e não se cansa de repetir aos amigos as suas ideias para o próximo projecto...

... Plantarei uma grande árvore no limite do jardim...

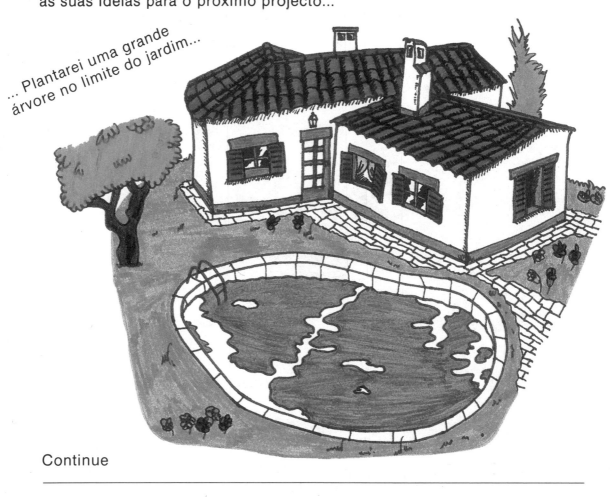

Continue
_____
_____
_____
_____
_____

A Gorjeta   O Subsídio   O Imposto

A Bolsa

O Salário

Indemnização

Taxa de Juro

Contribuição Predial

MulTa

Inflação

Moeda

5

O que preocupa tanto o cidadão acima?

Construa 11 frases empregando cada um dos termos que são causa de tantas arrelias para o cidadão.

_____
_____
_____
_____
_____
_____
_____
_____
_____
_____
_____

BLOCO 17

Releia o texto 17.1 do seu livro

6 Procure caracterizar o estado de espírito que os dois interveninentes revelaram ao longo do diálogo.

Funcionário   Sr. Ferreira

_____   _____
_____   _____
_____   _____
_____   _____
_____   _____
_____   _____
_____   _____
_____   _____

7 Ajude o Sr. Ferreira (Luís Paulo dos Santos), redigindo uma reclamação que, apesar de tudo, quer enviar à Direcção Geral de Finanças.

_____
_____
_____
_____
_____
_____
_____
_____
_____
_____
_____
_____
_____
_____
_____
_____

8 Direitos do Consumidor

Dê uma forma diferente aos sete parágrafos do documento.

Fica decretado que, a partir de agora todo o cidadão...

Direito à Segurança

...será protegido contra produtos, serviços e modos de produção prejudiciais à saúde e à vida.

Direito à Informação

_____
_____
_____
_____
_____

Direito à Livre Escolha

_____
_____
_____
_____
_____

Direito à Representação

_____
_____
_____
_____
_____

Direito à Reparação de Bens

As suas reclamações justas
_____
_____

Direito à Educação

_____
_____
_____
_____
_____

Direito ao Meio Ambiente

_____
_____
_____
_____
_____

DIREITOS DO CONSUMIDOR

1. **DIREITO À SEGURANÇA**
Direito à protecção contra produtos, serviços e modos de produção prejudiciais à saúde e à vida.

2. **DIREITO À INFORMAÇÃO**
Direito ao acesso à informação que permita a realização de escolhas conscientes e devidamente fundamentadas.

3. **DIREITO À LIVRE ESCOLHA**
Direito ao acesso a produtos e serviços a preços competitivos, com garantia de qualidade satisfatória e preço justo.

4. **DIREITO À REPRESENTAÇÃO**
Direito a ser ouvido e a participar nas decisões políticas e económicas que lhe respeitam.

5. **DIREITO À REPARAÇÃO DE DANOS**
Direito à satisfação de reclamações justas.

6. **DIREITO À EDUCAÇÃO**
Direito aos conhecimentos e acesso aos meios que permitam ser um consumidor informado e consciente.

7. **DIREITO AO MEIO AMBIENTE**
Direito a um meio ambiente saudável, que lhe garanta uma boa qualidade de vida no presente e para o futuro.

9 Complete o seguinte texto:

Sr. Consumidor, sempre que se sentir prejudicado previna imediatamente os serviços de fiscalização económica:

— Se um produto _____ mais caro do que o fixado na lei.
— Se o produto _____ um preço mais elevado do que o indicado na etiqueta.
— Se o rótulo da embalagem não _____ adequadamente acerca do seu conteúdo.
— Se as embalagens não _____ as normas oficiais relativas a pesos e medidas.
— Sempre que _____ qualquer falsificação de produtos vendidos em saldos e liquidações.

Se _____ interessado nas nossas publicações, escreva-nos.
Faça o seu pedido, se o _____ antes do próximo mês, _____ em sua casa um catálogo das nossas últimas publicações.

10 INQUÉRITO — SONDAGEM

DINHEIRO
COMO O GASTA?

Quando, depois de pagar as despesas essenciais (renda de casa, contas de água, gás alimentação, etc...) lhe sobra dinheiro, o que é que faz?

Guarda-o para compras futuras	60%
Investe-o para que renda mais	18%
Gasta-o imediatamente	10%
Não responde	12%

Em casa é você ou o seu marido quem costuma pagar as contas de...

	Ela	Ele
Electrodomésticos	60%	48%
Supermecado	88%	19%
Coisas para a casa	88%	21%
Vestuário	84%	42%
Contas, gás, etc	64%	41%
Renda de casa	56%	41%
Manutenção do carro	11%	46%
Nenhuma, NR	6%	24%

Em que gasta mais dinheiro?

Roupas	18%
Livros	4%
Revistas	2%
Coisas para casa	74%
Divertimentos	2%

Adaptado da Revista "Elle", Nov. 88

Outras perguntas da sondagem da Revista *Elle:*

Na sua opinião, ter dinheiro é sobretudo...

• Uma forma de ser independente?
• Um símbolo de sucesso?
• Um instrumento de poder?
• O prazer de gastar à vontade?

A quem oferece os presente de aniversário mais caros?

• Marido/companheiro
• Filho/a
• Mãe/Pai
• Amigo/a
• Não responde

Quando compra uma coisa mais cara, sente-se culpada e arranja desculpas para si própria?

• Sim, quase sempre
• Sim, às vezes
• Não

Elabore, agora, o seu próprio inquérito que pode, ou não conter as perguntas acima apontadas.

- Responda você mesmo(a) ao inquérito.
- Aplique-o aos seus colegas.
- Finalmente elabore um relatório em que dê conta dos resultados obtidos e em que faça um comentário pessoal às percentagens.

Inquérito	Percentagens

Relatório:

_____
_____
_____
_____
_____
_____
_____
_____
_____
_____
_____
_____
_____
_____
_____
_____
_____
_____
_____
_____
_____
_____
_____
_____
_____
_____
_____
_____
_____
_____
_____

A

Segundo dados do INE
relativos a Julho

Desemprego atinge 300 mil portugueses

O DESEMPREGO registado em Portugal, no fim do passado mês de Julho, compreendia 293 658 indivíduos, dos quais 105 420 eram homens e 188 238 mulheres, revelou ontem o Insituto do Emprego e Formação Profissional.

Relativamente ao mês anterior, o desemprego diminui 1,1 por cento (ou 0,6 por cento, se se considerarem os valores corrigidos de variações sazonais).

Em termos anuais, a evolução global é positiva, representando o valor daquele mês um acréscimo de 3,2 por cento em relação a Julho de 1987.

Contrariando o sentido de evolução do desemprego global, observaramse aumentos mensais na categoria dos desempregados à procura do primeiro emprego (+2,5 por cento) e nas mulheres inscritas há um ano ou mais (+2,8 por cento).

O sexo feminino representa, aliás, segundo o IEFP, um crescimento do desemprego, desde o ano anterior, de 14,7 por cento, enquanto os homens desempregados diminuiram 12,5 por cento.

Este aumento anual é também bastante visível no desemprego feminino jovem (menos de 25 anos) e de longa duração (inscritos há um ano ou mais no IEFP), que evoluiu, respectivamente, em +22,9 por cento e em +30,2 por cento.

1

B

Juventude

O primeiro emprego

A maior dificuldade dos jovens desempregados ou à procura do primeiro emprego, é a aprendizagem de uma profissão, o que gera um "círculo vicioso" não se empregam porque não têm conhecimentos profissionais e não os adquirem por não terem contactos com o mundo do trabalho.

Assim, a passagem da escola à vida activa traduz-se muitas vezes pelo desemprego, cuja taxa é significativamente mais elevada a este nível que para as outras categorias da população. Actualmente, o Ministério da Educação criou o ensino técnico-profissional que poderá abranger alguns milhares de jovens para além dos que o Instituto do Emprego e Formação Profissional, o Ministério da Agricultura e Pescas e o Centro de Formação Turística e Hoteleira podem englobar.

Por outro lado, os despachos normativos n.° 214 e 215 tornaram possivel que os jovens possam adquirir uma qualificação profissional com a colaboração das empresas, cooperativas ou sectores de artesanato. .

É assim que o despacho normativo n.° 214/80 estabelece que quando o acesso a um posto de trabalho ou a procura do primeiro emprego, estão exclusivamente dependentes de um estágio ou curso de curta duração, poderão ser concedidas bolsas de formação através do IEFP.

O despacho normativo n.° 215/80 possibilita aos jovens entre os 17 e os 25 anos, contratados para o exercício de uma actividade para a qual é necessário terem uma indispensável qualificação profissional, beneficiarem de um subsídio de emprego-formação a conceder às empresas que possuindo capacidade de formação se disponham a ministrá-la durante as horas normais de trabalho em termos adequados ao futuro desempenho da profissão em causa.

Este tipo de formação proporciona às empresas um apoio que visa uma preparação profissional adequada às necessidades de mão-de-obra e permite aos jovens adquirirem os conhecimentos profissionais necessários a uma verdadeira integração na vida activa.

adaptado de "A Rabeca"
de 4/10/84

BLOCO 18

A e B são textos informativos destinados a um público geral e muito diversificado.

Redija um novo texto em que concentre as informações (só as que considerar importantes) contidas em A e B cuja intenção será a de dar a conhecer o estado do desemprego juvenil em Portugal e as medidas do Instituto de Emprego e Formação Profissional.

Nota: • Seja conciso
• Relacione correctamente a informação
• Estabeleça relações de causa/efeito entre os números e as decisões governamentais
• Procure uma linguagem adequada

_____
_____
_____
_____
_____
_____
_____
_____
_____
_____
_____
_____
_____
_____
_____
_____
_____
_____

2

TEXTO A

ACTIVIDADES INDEPENDENTES
ARTES TRADICIONAIS PORTUGUESAS

PROGRAMA

Se é jovem, com menos de 25 anos de _____ , ou,_____ mais de 25 anos, está desempregado há mais de 12 meses

Se tem projectos que se_____ no _____ das artes tradicionais portuguesas (artesanato)

Se julga poder assegurar de modo estável a sua_____ económica dedicando-se à _____ de artesanato

Pode candidatar-se a este Programa.

A _____ de uma actividade profissional marcadamente independente ligada às artes tradicionais portuguesas (artesanato), fica agora aberta com o presente Programa _____ pelo Instituto de Emprego e Formação Profissional (IEFP).

Se _____ nas condições requeridas o IEFP garante-lhe:

Apoio técnico
Apoio financeiro
Apoio ao escoamento da produção
Eventual fornecimento de matérias-primas necessárias

Para mais informações, peça o Programa _____ , ou, informe-se nos Centros de Emprego.

Instituto do Emprego e Formação Profissional

Leia rapidamente o texto A de forma a captar o sentido geral.

Preencha-o colocando as palavras no espaço correcto.

estiver	subsistência		
perspectiva	idade	tendo	promovido
âmbito	produção	detalhado	enquadrem

3

TEXTO B

APOIO À CRIAÇÃO DO
PRÓPRIO EMPREGO

P R O G R A M A

OBJECTIVO

Promover através___apoios técnicos e financeiros a criação do próprio emprego por jovens e adultos desempregados de longa duração, qualificados profissionalmente_____ o exercício___actividades independentes,_____ aqueles que_____ exercer uma actividade no âmbito do artesanato.

DESTINATÁRIOS

Jovens com idades compreendidas_____ os 18 e 25 anos.

Adultos desempregados de longa_____

TIPOS DE APOIO

Concessão de subsídio___instalação não reembolsável correspondente ao montante de 12 vezes o salário mínimo nacional para a indústria.
Apoio na elaboração do projecto de candidatura _____a frequência___uma acção de formação___ organização e gestão com a duração de 1 mês e meio, que_____comprovada através de diploma e com direito a um conjunto de subsídios (de estágio, transporte alojamento e alimentação), durante a frequência desta acção.
Aos candidatos-artesãos que o _____, poderá ser garantido o escoamento da produção, prestada ___ entidades de apoio técnico (E.A.T.) que para o efeito estabelecem protocolos específicos como I.E.F.P.
Estas E.A.T. receberão em contrapartida___-cada artesão a que prestem_____,um financiamento___ ao montante de 100 000$00 Escudos.

CONDIÇÕES DE ACESSO

Os candidatos devem comprovar a qualificação profissional para o exercício da actividade que se propõem desenvolver.

BLOCO 18

Complete-o, também, mas agora com a ajuda destas palavras

por
para
em

até
entre
de

pretendam

incluindo

será

requeiram

duração
apoio

4

Com os textos dos dois programas completos faça de novo uma leitura atenta.

Quais os pontos comuns aos dois programas?

_____
_____
_____
_____
_____
_____
_____
_____

135

5 O que os distingue?

_____
_____
_____
_____
_____
_____
_____
_____

Você está nas condições previstas pelo(s) programa(s). Apresente uma pré-candidatura em carta dirigida ao Instituto de Emprego e Formação Profissional.

Claro que todo o texto da cadidatura exige:

- compreensão total dos dois programas
- alguma imaginação
- recolha de dados
- uma linguagem apropriada ao "destinatário", aos objectivos do texto e à sua condição de "candidato".

_____
_____
_____
_____
_____
_____
_____
_____
_____
_____
_____
_____
_____
_____
_____
_____
_____
_____
_____

É difícil
ser jovem
em Portugal

Ana Rebola, 22 anos, estudante de Psicologia, natural de Lisboa e residente na Amadora.

1 — É fácil ser jovem em Portugal?

— *Não é mesmo nada fácil. Há os problemas do primeiro emprego, da degradação do ensino, das dificuldades de ingresso no ensino superior que é muito caro.*

2 — A paz será apenas a ausência de guerra?

— *Não, não é só. Emprego, habitação, saúde, ensino, tudo isso pode ter a ver com a paz. Além de tudo, meios financeiros que deveriam ser aplicados nesses sectores são desviados para armamento e experiências nucleares.*

3 — O que pensa do serviço militar obrigatório?

— *Não deveria ser obrigatório, mas em regime de voluntariado.*

4 — E do serviço militar para mulheres?

— *Ainda discordo mais.*

5 — Maio de 68, o que lhe diz?

— *Diz-me alguma coisa, embora em termos um bocado vagos. Foi um período de grandes movimentações e lutas estudantis, em França.*

6 — E a palavra feminismo?

— *Posso dizer que sou feminista, se isso significa lutar por igualdade de direitos para homens e mulheres, e não o machismo ao contrário.*

J.P.

D. Popular, 15-7-89

6 As respostas de Ana Rebola são bastantes curiosas. Vamos dar-lhes "uma volta" mantendo o sentido original da resposta:

Resposta 1 — Não acho que_____
_____

porque _____

Resposta 2 — Para se ter paz era necessário que _____
_____
_____
_____

Resposta 3 — Não penso que _____
_____

muito pelo contrário acho que _____
_____

Resposta 4 — Sobre isso tenho uma opinião muito clara: Ainda estou ____

Resposta 5 — Embora a minha memória desse tempo_____
_____
_____

Resposta 6 — Se feminismo não significar _____
_____
_____

7

OS CHEFES FAZEM FALTA?

INQUÉRITO:

1 — ACHA QUE OS CHEFES FAZEM FALTA? PARA QUÊ?
2 — O QUE É QUE MAIS LHE AGRADA NUM CHEFE?
3 — O QUE É QUE MAIS LHE DESAGRADA NUM CHEFE?
4 — O QUE É QUE ACHA QUE UM CHEFE DEVE FAZER?
5 — ACHA QUE É FÁCIL SER CHEFE?

Revista Dirigir n.º 3

Responda ao inquérito e discuta com os colegas as respostas dadas por eles.

1 — _____
_____
_____

2 — _____
_____
_____

3 — _____
_____

4 — _____
_____

5 — _____
_____
_____

As mesmas perguntas foram colocadas, no âmbito do inquérito, a vários trabalhadores. Aqui tem as respostas dadas por dois deles, já há algum tempo:

MODELISTA
COMAX — CONFECÇÕES

* MARIA ISABEL P. SILVA
MARIA HELENA ROLO

Maria Glória Barbosa da Costa, 33 anos

1 — Acho que fazem falta para orientar o trabalho e manter um certo respeito. Se não houvesse chefes era uma "anarquia".

2 — A personalidade dele, conseguir ser coerente perante todos, ser justo e respeitado pelos subordinados.

3 — Que tenha "duas caras", que não seja justo, e que não saiba organizar nem ser organizado.

4 — Deve ter uma personalidade muito vincada, saber organizar e manter o respeito entre todos. Deve dinamizar tudo o que está nas suas mãos, para que o serviço e toda a equipa sejam perfeitos.

5 — Não, não é fácil. Porque têm muitos problemas e muitas vezes não têm meios para os resolver. Depois, em relação às pessoas também é difícil, porque nunca se agrada a todos e há que tentar entender todos para a equipa funcionar.

CAIXA
BANCO FONSECAS E BURNEY

Francisco António Almeida Barata, 30 anos

1 — Acho que fazem falta em qualquer serviço para coordenar.

2 — Agrada-me que ele saiba organizar bem o serviço e o pessoal, nomeadamente, não tomando certas atitudes do tipo "Eu quero, posso e mando".

3 — Olhe, é o chefe tomar atitudes que eu referi, impondo o seu modelo.

4 — Deve saber orientar o trabalho e as pessoas, para isso é importante que fale com os subordinados, que por vezes têm opiniões valiosas acerca de como funcionam "as coisas" na realidade e que, trocando ideias com o chefe, levam o serviço a funcionar melhor — "Conversando, os problemas resolvem-se".

5 — Depende de o chefe saber ou não ser chefe e por vezes também da equipa que chefia. Se houver cooperação e trabalho da parte desta, a tarefa do chefe fica mais facilitada.

O que é que eles disseram?

Pergunta 1
— MG disse que _____
_____
_____
_____
_____
_____

F.B. disse que _____
_____
_____
_____
_____

2 — MG _____
_____
_____
_____
_____
_____

    F.B. _____
_____
_____
_____
_____

3 — MG _____
_____
_____
_____
_____

F.B. _____
_____
_____
_____

4 — M.G. _____
_____
_____
_____

F.B. _____
_____
_____
_____
_____
_____

5 — M.G. _____
_____
_____
_____
_____
_____
_____

F.B. _____
_____
_____
_____
_____
_____

8

SEGURADO SELECCIONA PARA A SUA SEDE EM LISBOA

ESCRITURÁRIO

(M/f)

PERFIL:

— Habilitações mínimas: 12.º Ano de escolaridade
— Experiência como operador de telex e telefax
— Prática de Arquivo e dactilografia
— Conhecimento de línguas inglesa e francesa
— Capacidade de organização e método
— Bom relacionamento humano
— Espírito de equipa

PROPORCIONA-SE:

— Integração em empresa jovem
— Nível salarial elevado
— Regalias sociais acima da média

Resposta manuscrita, acompanhada de "curriculum vitae" detalhado a este jornal ao n.º 987 D/89

CIDADE DE LISBOA

CORRESPONDENTE EM LÍNGUAS ESTRANGEIRAS
Inglês/Francês

(m/f)

Carreira de futuro em empresa de comércio Internacional

Empresa portuguesa ligada ao comércio internacional com sólida posição no sector de actividade em que se insere, pretende reforçar o quadro administrativo através de uma profissional habilitada que integrará a equipa de apoio à Direcção Comercial.

Para preencher esta posição no quadro de um grupo dinâmico e de grande polivalência, procuramos pessoa que possua domínio falado e escrito das línguas inglesa e francesa, bem como experiência no âmbito do secretariado em tarefas como a operação de telex e dactilografia. É ainda factor preferencial, conhecimentos de processamento de texto.

Trata-se de função a que correspondem boas condições de remuneração, subsídio de refeição, local de trabalho central e integração em empresa em crescimento. Solicitamos o envio de carta de candidatura com indicação de nome completo, idade, habilitações literárias, experiência profissional, situação actual, n.º de telefone para contacto e a **ref.ª 06/1223/8746** para os escritório em Lisboa dos nossos Consultores.

Somos uma **Empresa Industrial** que produz e **comercializa materiais para decoração** e **arquitectura de interiores**. Estamos solidamente implantados no mercado e, recrutamos, com a colaboração de **Psiconsultores:**

VENDEDORES

(m/f)

Procuramos pessoas interessadas em actividades de vendas e especialmente empenhadas em progredir nesta carreira profissional. As funções a preencher poderão incluir o **atendimento de clientes em stand,** a **prospecção do mercado** e **a visita a clientes** e ainda a actividade de vendas no exterior.

Os profissionais a admitir — para reforço da actual equipa de Vendedores — terão a formação e acompanhamento necessários à integração na equipa e na empresa.

Aceitamos candidaturas de pessoas com o 11.º ano de escolaridade, carta de condução e, preferencialmente, idade até aos 35 anos e experiência profissional.

Oferecemos bom nível de remuneração base, subsídio de almoço e outras regalias sociais.

Se está interessado em progredir profissionalmente ou iniciar uma carreira atraente, envie rapidamente a sua resposta por escrito, com "curriculum vitae" e as informações que valorizem a candidatura, indicando a **referência 60/RLE para:**

PROCURAMOS ALGUÉM DA ÁREA DAS CIÊNCIAS E/OU DAS TÉCNICAS

- Que seja licenciado recente
- Que saiba bem português
- Que saiba bem inglês e/ou francês
- Que tenha uma razoável cultura geral
- Que tenha facilidade de redacção
- Que não tenha alergia a microcomputadores
- Que esteja atento ao que se produz no campo da literatura técnico-científica

PARA

ASSISTENTE EDITORIAL

(m/f)

Temos uma vaga. O trabalho inclui:

Ler originais, efectuar revisões, emitir pareceres, colaborar na planificação e controlo do processo editorial e também pôr em prática os conhecimentos científicos.

Se julga preencher estes requisitos, escreva-nos.
Resposta ao n.º 930 D/89 deste Jornal

Das quatro propostas de emprego, alguma o/a deve atrair.
Considere-se desde já candidato/a habilitado/a. Terá que escrever uma carta apresentando a sua candidatura onde constará:
1 — A sua identificação
2 — As suas habilitações académicas
3 — A sua experiência profissional
4 — As razões da sua candidatura

Nota: Em anexo terá de enviar o seu "Curriculum Vitae" detalhado.

_____
_____
_____
_____
_____
_____
_____
_____
_____
_____
_____
_____

1

Ainda o Sr. Projectos

• A Câmara Municipal ainda não aprovou o projecto.
• A empresa construtora exige 1/3 do pagamento antes do início das obras.
• O prazo do subsídio caduca dentro de um mês.
• O subsídio do Instituto do Património Cultural só dá para metade da conservação exterior.
• Não há dinheiro suficiente.
• A propriedade ainda não está legalizada
• O arquitecto não concorda com todas as ideias.

Se ele tivesse mais os pés na terra...

Mas uma ano depois ainda sonha e em conversa com os amigos continua com muitos *"se"*...

Sr. Projectos; já estava tudo concluído se...

A Câmara Municipal _____
_____
_____
_____
_____
_____
_____
_____
_____
_____
_____
_____

A PUBLICIDADE EM QUESTÃO

Um anúncio verdadeiro

"A publicidade hoje em dia não tem por objectivo vender mais. É uma forma de comunicação. Reflecte a sociedade em que nós vivemos, o que tem de bom e de mau." Quem o diz sabe do que fala. É José Dionísio, um jovem director criativo de uma agência de publicidade. É ele quem coordena as equipas de profissionais que imaginam alguns dos anúncios que vemos e ouvimos. "Somos quatro por equipa. Um trata da parte da imagem, outro escreve o texto, e o maquetista passa as ideias ao papel. Mas trabalhamos sempre em conjunto. O anúncio tem de ser um todo. Depois de feito o esboço, o cliente reúne-se connosco. Se o cliente aprova a ideia, esta segue para a produção. É aí que se fazem as fotografias, os vídeos e os filmes, e se compõem os anúncios para a Imprensa."

Não há dois anúncios iguais. Cada um procura ter mais força junto do público.

"Um anúncio pode ser feito através de uma história; através de um testemunho de uma pessoa conhecida; pode ser um anúncio dramático ou com humor; pode apresentar as qualidades do produto ou acentuá-lo através de um símbolo, por exemplo, este carro é tão veloz como um avião. Mas não somos nós quem decide; o cliente é quem manda. Podemos imaginar um bom anúncio, mas se o cliente não gosta, nada feito. Temos de criar outro." O cliente tem sempre a palavra final, pois ele está interessado em vender o seu produto. "Mas há uma coisa que é essencial: o anúncio tem de ser verdadeiro."

Quer anuncie um produto, ou valorize uma marca, quer informe sobre uma campanha de Saúde, a publicidade vive connosco. E nós já não podemos passar sem ela.

O texto tem várias perguntas implícitas que entrevistador não referiu

Faça essas perguntas:

_____
_____
_____
_____
_____
_____
_____

BLOCO 19

145

3 O documento já está legendado. Estas legendas referem as seis etapas de um anúncio publicitário. Outras legendas são possíveis se nos concentrarmos mais nas imagens e nos seus traços. Há alguma ironia em todas elas... Faça , de novo as legendas, se possível reflectindo essa ironia

_____
_____
_____
_____
_____
_____
_____
_____
_____
_____
_____
_____
_____
_____

4 Com o apoio dos dois documentos faça um comentário ao fenómeno da publicidade. Não se esqueça de referir:
  • Os meios utilizados
  • Vantagens/desvantagens
  • influência junto do público

_____
_____
_____
_____
_____
_____
_____
_____
_____
_____

1 PROJECTO DE ARQUITECTURA

José Barros Gomes
Arquitecto

A palavra "Parque" tem, para todos nós, um sentido mágico!... De infância passada... sempre presente.

A sua dimensão em termos físicos, consoante a existência vivida, situou-se entre o quintal da casa de nossos pais, às matas ou baldios limítrofes..&do parque público onde nos levavam pela mão, ao parque doméstico de grades de madeira aonde nos colocavam em segurança.

Um parque significará sempre isso mesmo: ócio ou lazer, amigos e amor.

Toda a equipa de projecto regressou durante vários meses à infância... por alguns já esquecida! "brincámos" num projecto a sério!... O projecto do "Parque Urbano do Alto do Duque". Aguardamos agora a conclusão das obras, para que milhares de pessoas como nós possam também brincar no "Parque".

ENQUADRAMENTO PAISAGÍSTICO

2

A instalação duma nova zona lúdica, no Parque Urbano do Alto do Duque surgiu tematicamente como um "Parque Aquático". Dada a solicitação que este tipo de infra-estrutura tem provocado recentemente nos povos mediterrânicos, visou este novo empreendimento instalar nesta área um conjunto de equipamentos que, devidamente apoiados e controlados, permitam dotar a cidade com um Novo Parque Urbano de recreio, vocacionado para usos múltiplos.

Adaptar a esta nova função de "Parque" uma área do pinhal de Monsanto foi tarefa a que nos dedicámos com agrado.

Construi-lo e senti-lo densamente vivido é propósito que ambicionamos.

PARQUE URBANO DO ALTO DO DUQUE

3

Porfírio Moreira
Membro do Conselho de Gerência
Aquaparque — Atracções Turísticas, Lda.

Logo desde os primeiros passos que levaram à criação da "Aquaparque", a ideia dos promotores foi a de vir a implantar o projecto em área que, pelas suas características, melhor tivesse em consideração o conceito natureza.

Tal filosofia tem sido mantida, cremos bem, para vantagem da Cidade, da população e dos utentes do Parque. Este, pela sua localização, envolvimento em grandes zonas verdes, vai constituir um "apport" notável à Cidade, aliás carenciada, quanto a nós, de zonas de diversão, de desporto e lazer. Todas estas vertentes são consideradas no empreendimento. Os aspectos social, cultural e artístico tão pouco são esquecidos.

O Parque projecta-se no respeito pela topografia existente promovendo-se assim a adaptabilidade dos vários equipamentos às cotas existentes, sendo que estes ficam, por assim dizer, agarrados ao terreno e integrados nas suas vertentes naturais.

Julgamos importante, muito importante mesmo, dotar Monsanto — magnífico pulmão desta bela Lisboa — de projectos que, em simultâneo com a dignificação da zona, conhecida por aspectos notórios de má vivência, possam constituir alternativa à tendência quase exclusiva virada à utilização das praias. Estamos, de resto, convencidos que o projecto vai criar naquela zona, quiçá em outros lugares, importantes efeitos de sinergia de que a Cidade certamente muito aproveitará.

Também, e logo desde início, se considerou da maior importância, dotar o projecto da maior segurança, isto, em termos de pessoas e de bens.

A frequência que tendencialmente consistirá em maior número de crianças e adolescentes terá uma assistência cuidada no sentido de eliminar aspectos negativos de quaisquer riscos. O equipamento a instalar, constituído e montado por empresas altamente idóneas e tecnicamente capazes, os testes que sistematicamente se farão, o pessoal de apoio a seleccionar e a formação a que previamente se sujeitará, são disso garantia.

Importante, para além de tudo o mais, assinalar a qualidade dos técnicos-engenheiros, arquitectos, empreiteiros, etc. — que, chamados a colaborar, certamente reforçarão a qualidade imposta ao nosso projecto.

5 Faça uma leitura dos textos 1, 2 e 3 de forma a captar o seu sentido global.

Os responsáveis pelos três projectos cuidaram de forma diferente a apresentação (capa) dos seus trabalhos.

Por exemplo, a palavra "Parque" tem interpretações diferentes segundo o interesse dos promotores

- Faça um levantamento das expressões utilizadas, relacionadas com a ideia de "Parque".

_____
_____
_____
_____
_____

6 . Refira essa diferenças de interpretação.

_____
_____
_____
_____
_____
_____
_____
_____

7 Os promotores dos projectos 1 e 2 decidiram referir o seu entusiasmo relativamente ao projecto em que estão envolvidos.
Diga como o fizeram.

_____
_____
_____
_____
_____
_____
_____
_____
_____

Concentre-se apenas no texto 3

Provavelmente não conhece Lisboa, mas alguma coisa ficou a saber da cidade das sete colinas e dos seus habitantes.

Escolha e assinale a frase **verdadeira**:

I — _a)_ Monsanto fica nos arredores de Lisboa
    _b)_ Monsanto fica em plena cidade
    _c)_ Monsanto fica longe de Lisboa

II — _a)_ Monsanto é uma zona verde
    _b)_ Monsanto é uma zona ecologicamente degradada
    _c)_ Monsanto, com este projecto, recuperará o seu equilíbrio ecológico

III —   Monsanto, segundo os promotores
    _a)_ é uma zona socialmente mal frequentada
    _b)_ é uma zona de alto-risco
    _c)_ é uma zona de elites sociais

IV — _a)_ Lisboa é uma cidade em que abundam parques de diversão e lazer
    _b)_ Lisboa necessita desses parques
    _c)_ Em Lisboa há demasiados parques com estas características

V — _a)_ Os lisboetas não têm o hábito de ir à praia
    _b)_ Os lisboetas vão moderadamente à praia
    _c)_ A praia é o local de lazer por excelência dos lisboetas

MAIS UM POUCO DE LISBOA!

As fotografias representam aspectos muito diferentes da cidade. A partir delas procure fazer uma descrição do que cada uma pode mostrar ou esconder...

1. Um eléctrico: transporte em vias de extinção...

_____
_____
_____
_____
_____
_____
_____

2. Uma rua tranquila de um bairro antigo...

_____
_____
_____
_____
_____
_____
_____
_____
_____
_____
_____

3. Os reflexos num prédio moderno

_____
_____
_____
_____
_____
_____
_____
_____

4. A tranquilidade do jardim

_____
_____
_____
_____
_____
_____
_____
_____
_____
_____
_____
_____

5. O chão que pisamos

_____
_____
_____
_____
_____
_____
_____
_____

6. Memória de outras aventuras

_____
_____
_____
_____
_____
_____
_____
_____
_____

7. A ponte: ligação entre as margens

8. Memória da primeira ligação aérea Lisboa-Rio de Janeiro

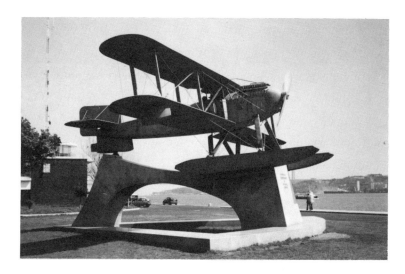